Dieses Buch ist all denen gewidmet, die sich ebenso
wie ich auf die windige Straße begeben, an deren Ende dort hinter dem Regenbogen irgendwo das unendliche Eldorado liegt.
Das gleißende Gold des Wahnsinns hinter dem Horizont spürend,
die Erhabenheit des würdebetonten Individuums erahnend, der glamurösen
Situation des autonomen Achtsterne-Jongleurs
entgegenstrebend, so verläuft der Weg der Popratte. All denen ist dieses
Buch gewidmet und möge den Nochwanderern in der
Finsternis manch wertvollen Hinweis geben.
Es möge dazu aufrufen, den Gesetzen der Unbescheidenheit zu folgen
und dem ferngesteuerten Naffel-Leben einfürallemal die gnadenlose
Absage zu erteilen.
Auf meinem Weg zu der Erkenntnis, daß es besser ist,
mehr Einfluß als Ausfluß zuhaben, habe ich vieles genau geplant
und möchte nun an dieser Stelle meine Erfahrungen
an junge Ratten und päpstliche Anwärter weitergeben.

Udo Lindenberg · El Panico

oder: Wie werde ich Popstar?
Der praktische Ratgeber

Triebtäter Udo Lindenberg
Mittäter Gerhard Augustin
Ermittlungen des Syndikats L
und Spurensuche Olaf Kübler,
Geheimräte Michael Görden
und Klaus Eck
Hutdesign & Buchverstaltung:
Fratelli Maguire, Monaco
Tatort München und London
im November 1988

GOLDMANN VERLAG

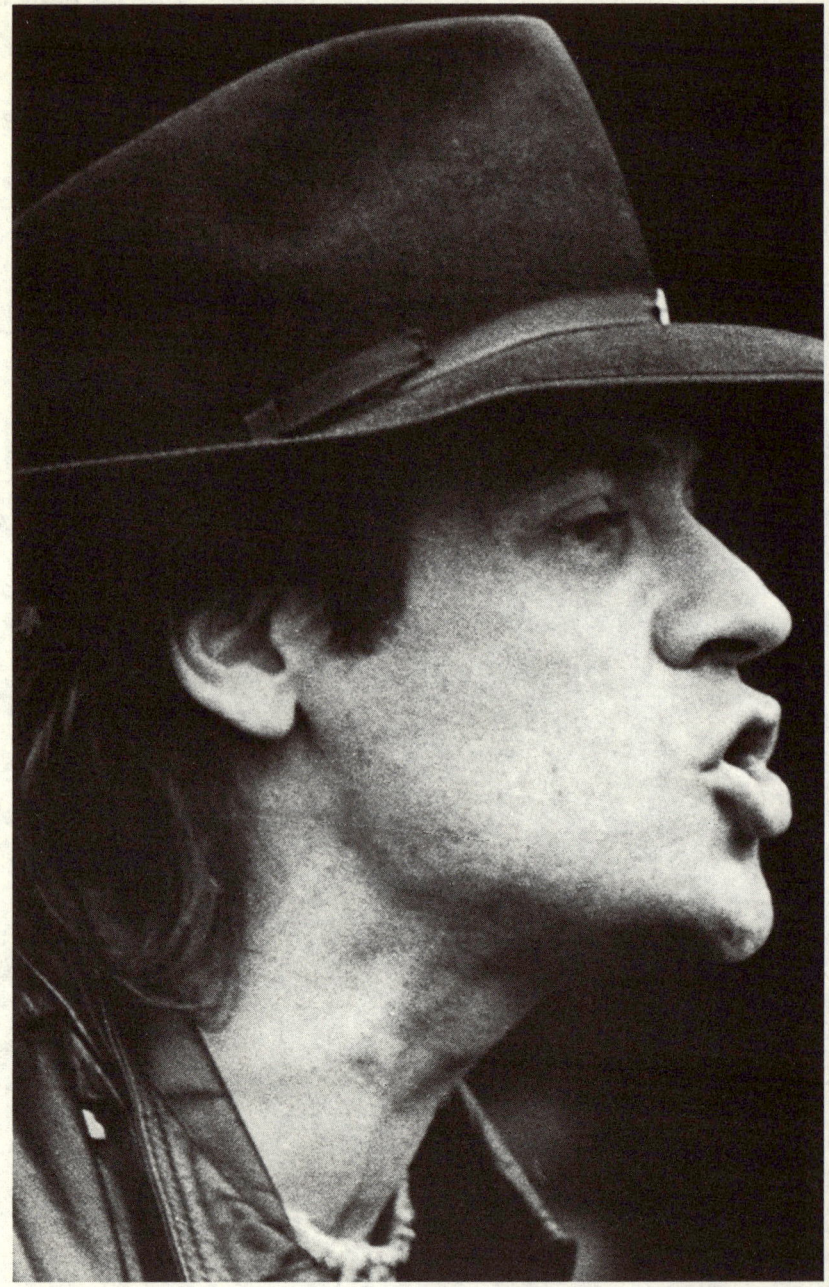

*M*anche nennen mich Lindenberg, manche nennen mich Nervenberg, und manche nennen mich auch den »Rattenpapst«. »Für mich ist Udo Lindenberg ein echter Rattenpapst«, schrieb Larry Schmitz (16 J) aus Essen-Süd, Chefredakteur der Schülerzeitung »der Klecks«. Die New York Lymes über Udo L.: **»This guy is absolutely refuckin' diculous!«**

Also sprach Zarathustra – was soll der ganze Frust da? Mit Nietzsche in der Niesche und Plankton unterm Tische habe ich schon als Frischling versucht, mir mein eignes Weltbild einzurichten. Mühselige und beladene Menschen umgaben mich, als ich als Kleinkind aufwuchs und allmählich lernte, das Leben im Schnellverfahren zu raffen, nach dem Motto: sehen, verstehen und handeln. Für einen Zweieinhalbkäsehoch wie mich stellte sich die Frage der Berufswahl natürlich schon fast in der Wiege. Außer Bus-Schaffner oder Spaceship-Pilot wollte ich immer schon Preisboxer, Genialverbrecher, Fußballmillionär, Privatdetektiv oder mindestens Popstar werden.

Popstar fand ich dann aber doch am besten. Meinen Eltern erschien der Beruf des Popstars schwierig, sozial unsicher und schwer machbar. So lernte ich dann Diverses, aber nichts richtig. Eines Tages sprach ich zu meinen erstaunten Eltern: »Let's face it. Ich hab nun schon nichts Ordentliches gelernt, aber irgend etwas muß ich doch machen, also werde ich jetzt trotzdem Popstar! Basta!«

Natürlich geht so etwas nicht ganz ohne einen Plan, hab ich mir gedacht. Und dieser Plan hat ja auch funktioniert – so ziemlich jedenfalls. Senkrecht beißt sich die Ratte nach oben durch, und wenn sie oben angekommen ist, denkt sie: »Fertig, der Käse ist gegessen«, und schaltet auf die waagerechte Lage um. Die Liegeratte genießt dann Ruhm und Reichtum als eigner Kurschatten verkleidet nach dem Motto: Morgens Fango – abends Tango! Früher wilde Worte, heute milde Sorte. Irgendwann stellt sie dann aber fest: so geht's nur noch nach hintenvorne. Nein, wenn die Karriere tippelt und dieselbe soll weitergehen, muß die Ratte aufrecht bleiben, muß sich ganz verträumt durch das Ozon-Loch weiter nach

oben Richtung Himmel durchbeißen und in den unsteiger-
baren göttlichen Größenwahn hinübergleiten.

Also sprach Zarafrustra: Das Leben ist eigentlich eher
hart geraten, und das Leben von der Breitseite gibt es
immer mal wieder. Ein spaß- und partybetontes Leben war
das, was ich schon ganz früh für erstrebenswert hielt. Be-
dauerlicherweise kommt nicht jeder gleich als Ölscheich
zur Welt. Schade, zu gönnen wäre es jedem.

Hier kommen wir jetzt zum amerikanisch-westfälischen Traum,
dem Kernstück dieses denkwürdigen Buches. Dieser Traum setzt
sich zusammen aus allem, was man normalerweise nicht hat.
Wenn man als Kind schon schnallt, man gehört eher zur unbe-
scheidenen Sorte, denkt man: **Ist nicht einsehbar, andere haben
alles und unsereiner, der hat nichts!** Man begreift, das Gesetz der
Unbescheidenheit ist »Erstes Gebot«, und man spürt früh, daß es
von Anfang an das Wichtigste ist, sich nach einem Plan auszu-
richten, der der eigene ist, und nicht den der anderen zu verfol-
gen. Der Popstar braucht auf jeden Fall von vornherein eine ordentliche Portion Eigensinnigkeit und Größenwahn, Halleluja!

Im folgenden Buch handelt es sich um Aufzeichnungen meiner
frühen Jahre. Dieser ersten Phasen meines mysteriösen Schaffens
und meines umstrittenen Wirkens. Keinesfalls kann und soll
dieses Buch meine Memoiren darstellen, denn ich habe ja
gerade erst richtig angefangen, als junges Talent verkleidet, mit
meiner Megastar-Karriere.

Meine große Grabscherhand wird weiterhin in die Wundertüte des Lebens greifen, und ich werde für Abenteuer und Herausforderungen offenbleiben. Die windig-wendigen Flexibelbetriebe
(Firma Lindenberg) leben stets nach vorne und entspannt im Hier
und Jetzt. Zurückblickend kann ich wohl sagen, daß die Overtüre Lust gemacht hat auf weitere Action. Leben als ständiger Aufbruch. Okay, meine jungen hochgeschätzten Kollegen, ihr kriegt
hier diese oder jene Indianerweisheit rübergereicht. Möge dieses
Buch ein echter Ratgeber sein, für die, die den Weg nach oben
einschlagen wollen.

Man kann natürlich auch alles ganz anders machen, und ich

erhebe käumlich den Anspruch auf die einzig richtige Methode, aber andererseits habe ich auf den zugigen Bahnhöfen der Hitparaden viele, viele kommen und gehen gesehen. Immer wieder habe ich eilige Reisende getroffen, die mit dem schäbigen Hit, dem schnellen Koffer und dem flüchtigen Gelde unterwegs waren, und dann wieder ab in die Versenkung. Ich hingegen lehne mich kichernd zurück im Ersterklasseabteil, fahre weiter durch die Bestsellerlisten und grüße wohlwollend alle Ratten und alle Päpste dieser Welt.

Den Rest und weitere Entwicklungen entnehmen Sie bitte der Tagespresse.

Udo Lindenberg Paris, Rom, Göttingen.

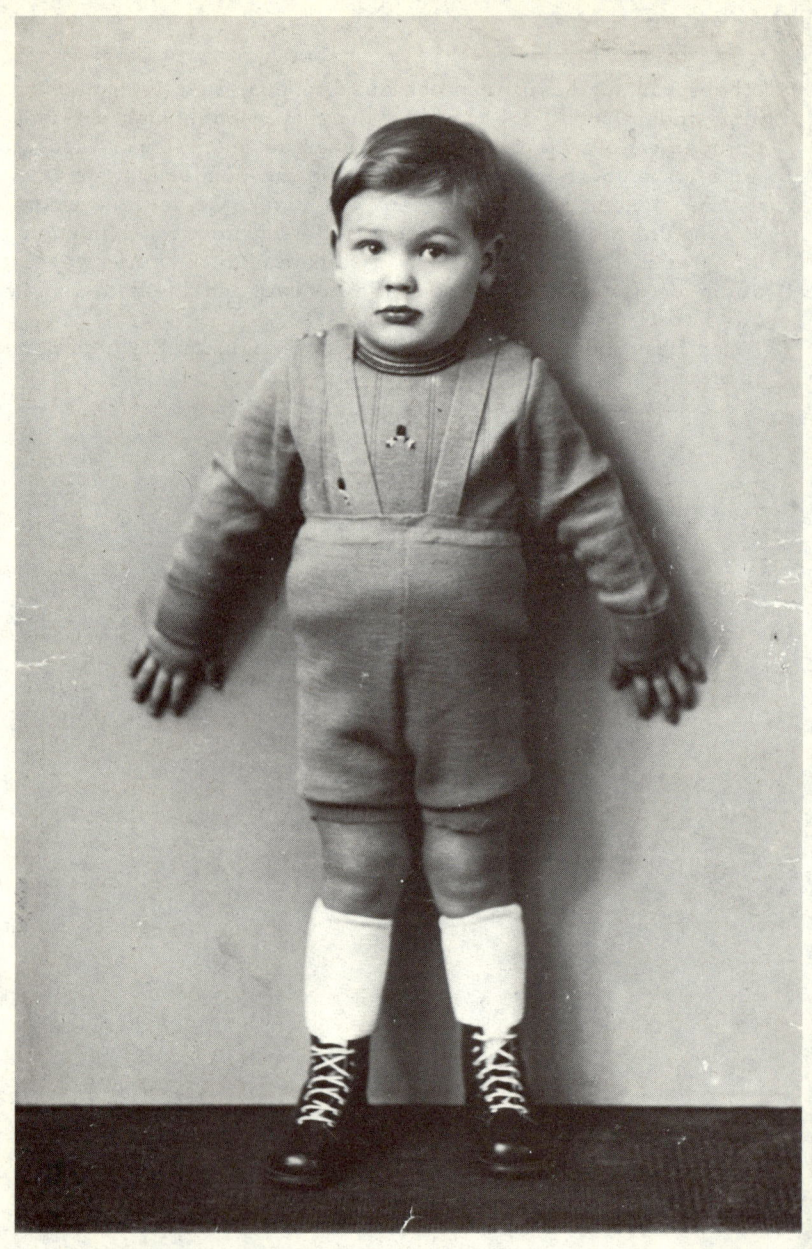

Die Sache ist relativ einfach: Man muß entweder in Harlem oder in Liverpool direkt neben der Mülltonne geboren werden. Wichtig ist, daß die Eltern abgrundtief arm sind, denn nur so kann das Kind später den nötigen Schub entwickeln für den sozialen Paternoster – nach ganz oben. So kriegt es dann auch den richtigen Biß, um sich dann später senkrecht durch die Kanalisation des Sozialgefüges als Ratte nach oben durchzubeißen.

Merkblatt 1:

Wie wird man Popstar, und wo muß man zu solchem Zwecke geboren werden?

Während das Mütterchen zu Hause mit dem drei Meter langen Frustauge und der spermanenten Depresse in der Tasche Biersuppe kocht und der promillemäßig eingedrehte Vater sich für 2,50 Mark als Hafenmalocher den Buckel anarbeitet, wird dem Kinde schon klar: Es geht im Leben um Barfuß oder Lackschuh, Finsternis oder Sonnenseite. Im Ghetto gibt es sonntags normalerweise immer nur Kichererbsensuppe – sonst Bescheidenheit auf Toast. Auf die Dauer mag man das nicht. Man will auf die »Sunnyside of the street«, wie die anderen acht Geschwister auch, die mit ihren kleinen Milchzähnchen ständig vor Hunger an der feuchten Matratze herumbeißen.

Da zu Hause alles an Trostlosigkeit nicht mehr zu überbieten ist, muß wenigstens Musik her. Die acht Kinder schwärmen aus und klauen sich im Glitzer-Glatzer Kaufhaus erst einmal ein paar Musikinstrumente. Wenig später paart sich dann der revolutionäre Geist der unterprivilegierten Rattenfamilie mit den

Merkblatt 1

Wohlklängen des selbstmusizierten Rhythm & Blues, Soul, Punk und Panik.

»We've got to get out of this place«, schreit die Truppe. Wenn das zukünftige Popidol etwa 10 Jahre alt ist, hat es auf seinem Instrument, z. B. Schlagzeug, schon eine solche Meisterschaft entwickelt, daß alle in der Straße nur noch vom »Wunderkind« reden. Durch gezielte Life-Darbietungen, in der Straße Nr. 3 und »spreading rumors«, gut gestreute Gerüchte, wird der Ruf des Wunderknaben auch in benachbarte Straßenzüge getragen, bis dann schließlich durch weitere Mundzumundbeatmung die frohe Kunde an das geneigte Ohr eines Schallplattenbosses gerät. Der ältere Bruder vermittelt sofort ein erstes Kontaktgespräch mit »Big Cash-Records«, und das Wunderkind bereitet sich auf das millionenschwere Rendezvous vor.

Man lege ein neues Schrittband an, man klaufe sich eine Packung Steifolin, man bügle sich die Haare nach oben, man nehme 'ne Prise Aftershave, und zwar das, das man auch für's Gesicht benutzen kann, man packe sich sicherheitshalber noch einen Maggi-Würfel in die Tasche (von der Sorte *Magie und Alltag*), und dann, im Office des Plattenchefs, erklärt man großkotzig, daß sich ohne eine Million Vorschuß sowieso jedes weitere Wort erübrigt. Danach gehe man ganz entspannt um die Ecke und richte sich vorsichtshalber schon mal zwei Bankkonten ein. Eins bei der Öko-Bank und ein Nummernkonto in einem steuerbegünstigten Land, z. B. in der Schweiz, oder gleich mit dem Sacko nach Monacco. So einfach ist das alles.

Bei mir war das genauso, nur ein bißchen anders.

Merkblatt 1

*I*ch wurde am 17. 5. 46 nicht in Harlem, auch nicht in Liverpool, sondern in Gronau in Westfalen geboren. Als Start ganz, ganz schwierig, denn da kommen Popstars ja nun normalerweise überhaupt nicht her. Auch waren meine Eltern nicht besonders arm, aber rasend reich waren sie nun auch nicht gerade. Auf jeden Fall gab's genug zu beißen, und es war eigentlich alles recht nett zu Hause.

In Gronau an der Dinkel, kurz hinterm Bahnübergang, gibt es die Gartenstraße, da erblickte der kleine Udo die Welt, eine »Einfache-Leute-Allee«, wo jeder jeden kennt und genau weiß, ob der Nachbar gerade wieder an Fußpilz leidet. Eine miefige, piefige, klitzekleine Schnarchstadt, um *Eins* die sich die Welt da draußen, gleich hinter der Stadtgrenze, wenig kümmert, selbst wenn hinter ihren Mauern gerade ein Popstar geboren wird. Die Gartenstraßler haben in ihrer Stammkneipe »Zur Quelle« ihr eignes Bierglas mit ihrem Vornamen drauf. Beim Wirt kann man bis zum Monatsersten oder dem nächsten Lohntütenball anschreiben lassen. Außer den VanDeldens hat niemand viel Geld, aber darüber später.

Meine Vorfahren waren Sizilianer. Das sieht man mir heute noch klar an. Als ich mich bei meinem Großvater nach den Roots unserer Flipp-Sippe erkundigte, hat er mich an die Hand genommen und mit mir einen Spaziergang gemacht. Da muß ich so sechs oder sieben Jahre alt gewesen sein. Wir sind an einen kleinen Fluß gegangen, und er hat mir gesagt: »Siehste, da ist ein Fluß, und der heißt Dinkel, und es gibt auch andere Flüsse, wie den Rhein zum Beispiel, wo es viele Häfen gibt. Einer davon heißt Duisburg-Ruhrort. Da ist mal ein Schipper angekommen, ankerschmeißenderweise. Der kam von weit weit her – aus Sizilien! Dann hat er sich mit irgendeiner Dame eingeklinkt, und die beiden haben dann den Clan aufgezogen. Und irgendwann sind sie dann nach Gronau gekommen. Auf dem Umweg über Holland. Alles ganz mysteriös.«

Sehr viel mehr konnte er mir auch nicht über meine Ahnen sagen. Den Rest konnte ich nur ahnen.

Also ist die Familie Lindi Bergo schon seit vielen Generationen in Furunkelhausen am Arsche der Welt ansitzig, wo es früher alles nur um Textilien ging und den Kram, der damit in irgendeiner Weise zusammenhing. Gronau galt als die textilmäßige Oberfummelstadt mit den meisten Spindeln der Welt pro Kopf der Bevölkerung. Außer Leinen- und Lakenfabriken und Baumwollspinnereien gab es kaum etwas in Gronau. Heute liegt die Arbeitslosenquote dort bei schauerigen 27 Prozent! Das liegt natürlich daran, daß die Familie VanDelden, die diese Industrie vorwiegend betrieben hat, übern Deich gegangen ist. Die VanDeldens hatten Gronau früher fest und voll im Griff, so eine Art Fürsten von Gronau.

Mein Großvater mütterlicherseits war damals als Chefspindelgreifer in so 'ner VanDelden-Fabrik tätig. Er hatte in Gronau ein sehr kleines Zwergenhaus, in dem er mit Gemahlin und vielen hinreizenden Kindern lebte. Es war ein Siedlungshaus, wie es damals von den Fabrikbonzen für ihre »Sklaven« gebaut wurde, mit einem kleinen Schrebergarten und dem volkseigenen Gartenzwerg. Die Fabrik finanzierte sich so ihre Kapitalanlagen zurück, denn die Mieter mußten ja ihren Lohn umlaufkapitaltechnisch in Form von unverbiegbaren, schwer vergnügbaren Miet-Schecks an die Drosselbart-Fabrikbesitzer retour bezahlen. Zur Fabrik gehörten dann noch die Pommes-Frittes-Läden und die Bratwurstanstalten, in denen man auch sonst alles kaufen konnte, was gebraucht wurde. Auf diese Weise schoben die Arbeiter ihre ganzen Kohlen wieder an die Fabrik zurück. So habe ich schon ganz früh eine Ahnung davon gekriegt, wie Kapitalismus funktioniert. (Ganz so wie im Wilden Westen – Gründerjahre der USA:

Railroad Companies, Gold & Silver Mining Companies, ausge-
beutetete Blacks, harte Zeiten.)

Meine frühesten Erinnerungen sind so von Anfang der 50er
Jahre. Der Zweite Weltkrieg war gerade vorbei. Großes Durchge-
hänge, peinliche Betroffenheit, keiner war's gewesen. Plötzlich
die Engländer mit Panzern durch Gronau. Die Soldiers schmis-
sen uns Kindern Kaugummis zu, und die alten Nazis, die am Stra-
ßenrand abstanden, fanden das gar nicht so witzig. Keiner hatte
was zu kauen, da sollten die Kinder auch kein Kaugummi kauen,
und Gummis vom Feind schon gar nicht. Trotzdem bin ich um
meine Kinderzeit in Gronau irgendwie zu beneiden, find ich.

Um die ganze Stadt waren noch Wälder drumrumgebaut, hy-
gienisch supersauber, jeder Baum konnte noch einwandfrei
durchatmen. Immer nur schöne Natur. Das Moor ganz ohne Trau-
erfloor. Und sieben Tümpel zum Baden und mit Trinkwasser drin.
Gar nicht schändlich, sondern sehr sehr ländlich. Für Kinder
ideal. Mit Autoschläuchen bauten wir uns unsere Boote und un-
ternahmen Seereisen auf der Dinkel.

Für uns Kinder war das Leben dort die absolute Wundertüte.
Mein Geburtstag, soweit sich die Geschichtsschreiber nicht irren,
wurde stets am 17. Mai mit den anderen Kinderchaoten gefeiert,
Pflaumenkuchen, Lindenbaumhäuser bauen, Bandit und Sheriff,
Räuber und Gendarm, und Onkel Dr. Udo hatte seine Sprechstun-
de im Gebüsch.

Gronau war für mich damals das Zentrum der Welt, wo ständig
rasend interessante Sachen passierten, vom Sackhüpfen bis zum
Eierklopfen, Schneeflittchen und die sieben Zwerge und dann ab

in die Kaninchenberge und den Mädchen unter die Röcke schauen. Und dann als absolute Krönung: meine Detektivausbildung!

Ich hatte mich auf die Spuren von Nick Knatterton begeben und wurde der Experte in Sachen tote Briefkästen etc. Lodenbemantelter junger Verbrecheraufspürer in Gronau am Werk: Bei jeder falschen Bewegung Verdachtstufe eins. Der falsche Mann geht zur falschen Stunde in die falsche Kneipe, höchstverdächtig! Da muß man ganz wachsam sein, wie ich es von Nick gelernt hatte. Ich schob das Kinn nach vorne und hielt die Lupe vors Prüfauge. Stolz trug ich die Lizenz in der Tasche, hatte ich doch gerade meinen Schweizer Detektivfernkurs mit Bravour bestanden und soeben meinen ersten Waffenschein beantragt. Ich war der jüngere Bruder von Karl Coolmann und dachte: **Detektive müssen immer alles wissen. Das Leben war Risiko und Gefahr, doch ich mußte einfach wissen, was Sache war.** Meine Detektivausbildung sollte mir im weiteren Leben oft von großem Nutzen sein.

Später, als Songtexter habe ich oft verschwiegenste Angelegenheiten durchrecherchieren müssen, um authentische Kommentare zum Zeitgeschehen ablassen zu können.

Aber dann kam unerwarteterweise etwas, was noch 'ne Ecke schärfer war, als Detektiv spielen. Der Rock'n Roll krachte in mein Leben: Elvis Presley, Bill Haley, Little Richard, Chuck Berry. Ja, der Rock'n Roll, der aus dem Radio rausknallte. Unvergeßlich, das Gejucke und Gezucke in den Fingern. Ich merkte, ich mußte Trommler werden. Ich war kein besonders schönes Kind. Ich glaube, eher so'n Normalmodell. Ab und zu hörte ich zwar die Leute raunen: »Aber irgendwo hat der was, nur wo nun, am Arsch oder an den Füßen?« Aber das sollte ich erst alles viel später rauskriegen. Sehr schön war ich nicht, wie gesagt, aber laut.

Hinter unserem Haus war so'n Hühnerstall. Da wurden dann meine ersten Behelfstrommeln und Geräuscheimer aufgebaut und plattgeklopft. Da habe ich meine ersten Percussionsversuche veranstaltet, und die Hühner waren mein Publikum und legten vor Schreck grüne Eier. Die Nachbarn sind alle ausgeflippt, weil ich so laut war und versäumt hatte, die ganze Straße mit Oropax zu versorgen.

Mein Opa väterlicherseits, Gerhard, war Wissenschaftler für Installations- und Sanitärkunde und außerdem Klempner. Er hatte seine eigene Werkstatt, die mein Daddy dann übernehmen mußte, als Opa keinen Bock mehr hatte. Vater Gustav wäre aber viel lieber Konditor geworden in einem der großen Schleckerschmeckerhäuser in Wien, beim Hotel Sacher mit der Widersachertorte zum Beispiel, oder wahlweise Kneipier, da gibts das Bier billiger, oder notfalls auch Dirigent. Aber es nützte nichts, denn einer mußte die Rohre für die Familie weiterverlegen, als Opa auf Streik ging. Also mußte mein Vater ran. Zusammen mit Hermine, die dann auch meine Mutter werden sollte. Für die Ehe hatte Mutter ihre glanzvolle kaufmännische Karriere jäh abgebrochen, denn bevor Gustav um ihre Hand anhielt, war sie Fili-

alleiterin beim coop und flopp. Das Angebot, Gustavs große Göttin zu werden, war halt für sie das eine Angebot, das sie nicht ablehnen konnte. Hermines kaufmännische Fähigkeiten sollten Gustav später allerdings sehr zugute kommen, und meine Mutter später allerdings sehr zugute kommen, und meine Mutter half dann ja auch kräftigst in der Firma mit. »Wat 'ne fleißige Frau.«

Zu Hause gab es ja auch schon genug zu tun, wenn man bedenkt, daß es damals noch keine für uns heute selbstverständlichen Hilfsmittel wie spaceerprobte NASA-Krümelsauger, vollautomatische Spül-Fix-Automaten, atombetriebene Solarkocher und digitalgesteuerte Fernküchen gab. Damals wurde noch alles mit der Hand gemacht. Keine Fertiggerichte, Pizzas aus der Retorte oder der schnelle, unverbindliche Mac Donalds-Klops an jeder Ecke. Nein, eichörnchenmäßiges mühsames Aufkochen eigenhändig erwürgter Landkartoffeln war an der Tagesordnung. Mit dem Fuße getreten und mit dem Munde gerührt.

Vater blieb immer ein rastloser Vogel, so'n Mensch, der im Leben noch ganz viel vor hat und gegen den Ablauf der Zeit anrennt. So sorgfältig er seinen ungeliebten Beruf auch ausgeübt hat, er erhielt sich ständig den Traum von dem Leben in der großen Welt, hinter dem Ortsabwinkschild von Gronau. Oft stand er an der besten Straße der Stadt, der Ochtruper Straße. Das war die Straße, die aus Gronau hinausführte, und hielt sehnsuchtsvoll Ausschau gen Süden.

Ja, Konditor – das wäre sicherlich Vaters bestes Fach geworden. Zu Hause kam er selten dazu, seine kulinarischen Fähigkei-

ten kochtechnisch zur Anwendung zu bringen. Der berühmtbe-
rüchtigte Kartoffelsalat zu Silvester und der unschlagbare He-
ringssalat am Scheinheiligenabend, das waren Vaters Küchenta-
ten. Ab und zu griff er aber auch in den Gruseltopf, und dann
bruzzelte er diese entsetzliche Sülze aus ekelhaften Schweine-
köpfen und der behaarten Haxe. Mein Bruder Erich fand immer
einen Grund, weshalb er an solchen Tagen keinen Appetit hatte.
Man konnte Erich's Ekel vor dieser Schweinesülze immer deut-
lich merken. Dann verzog er sein Gesicht und dachte: hoffentlich
kotz ich nicht. Ich glaube, Vater hat sein Leben immer ein wenig
defizitär gelebt, große Träume, große Phantasien, aber damals
in Gronau blieb man halt immer nur an der nächsten Kneipe
hängen. Er saß am Stammtisch und träumte von der großen
weiten Welt. Und zu Hause war für uns Kinder Mutter das
Zentrum der Familie. Von ihr ging die beruhigende Stärke aus,
die uns zusammenhielt.

Der Lindikindi-Nachwuchs fing mit meinem Bruder Erich acht
Jahre vor mir an. Ein hübsches Kind, alle mächtig stolz. Echte
Sensation. Zufriedene Mienen weltweit. Nun sollte ein Mädchen
kommen. Kam aber nicht. Noch nicht mal 'n Transvestit, sondern
noch ein Junge, und zwar ich. Noch ein Mann, mit allem dran;
was 'n Flop! Also weiter. Das mußte doch gehen mit 'nem
Mädchen. Und schwupp di wupp – anderthalb Jahre nach mir
kamen Mädchen, gleich zwei, Ecki und Inge, die Zwillinge. Ich
war später immer das Kind dazwischen und habe ziemlich früh
gespürt, da muß ich meinen ganz eignen Weg gehen.

ERICH,
GUSTAV
UND
UDO

*M*ein Bruder Erich hat immer den Pionier in der Familie gemacht. Er hat sich irgendwann mal einen Trecker gegriffen und ist damit in die Ferne gefahren, bis nach Essen. Das werde ich nie vergessen. Erich war damals so eine Art Vorkämpfer der New Generation. Erich dachte einfach, man muß auch mal in die zukunftsorientierte Lindi-Familie 'n paar neue Sichtwinkel reinbringen, frischwärts eben. Ich werde Erich immer dankbar sein für den neuen Wind, den er in die Familie reingeblasen hat. Viel Glasnost und Peristroika in Gronau.

Erich fing an Malerei zu studieren. Das war für Gronauer Verhältnisse was ganz Exotisches. Vater konnte gar nicht glauben, daß sowas ein seriöser Beruf sein könne, weil ihm die Malerei zu unsicher und flatterhaft erschien. Vater verband damit so'ne Phantasie vom armen Poeten, vom tuberkulösen hungernden Künstler, in Müll und Lumpen gehüllt, in 'ner spitzwegmäßigen, tröpfelnden eiskalten Dachkammer, der sich von Luft ernährt oder, wenn der Hunger zu groß wird, am Pinsel bzw. aus dem Farbtopf lutscht.

Nachdem mein Bruder Erich nun abgewandert war, auf das dünne Eis des Künstlerdaseins, sollte ich, der Kleene, dann später mal den Klempnerjob übernehmen. Aber daraus wurde ja bekanntlich nichts. Auch durch den gelungenen Ausbruch meines Bruders wurde es für mich ein bißchen leichter. Der besorgte Vater Gustav hat's ja auch wirklich heavy gehabt, immer Grübel, Grübel, wenn er an seine Söhne dachte und deren wacklige Berufe. Aber dann, was für'n Glück, erinnerte er sich wieder daran, daß er von seinem Vater dazu genötigt worden war, in den Dachrinnenlötexpertenberuf einzusteigen, und beschloß, seine Söhne dann doch all das werden zu lassen, was sie wollten. Ich als Klempner? Na, das wär' ja was geworden!

Für die sehenden Menschen hatte sich mein Berufsweg ohnehin schon früh abgezeichnet. Seit elf war ich ja nun schon mit der Trommelei dabei. In der Schule hieß es bei meinem Nahen längst, »der große Klopfer kommt«, denn es wurde ständig getrommelt, geklopft, gezappelt, geflippt.

Mit Ästen, die ich mir aus den Bäumen rausschnitzte, habe ich auf der Schulbank einen Bolero hingeschmissen, daß sich dem Lehrer die Ohren und Nerven verbogen. Bei uns gegenüber in der Gartenstraße gab es eine Lebensmittelgroßhandlung mit LKWs und riesigen Benzintonnen auf dem Hof. Auf denen gestaltete ich meine ersten karibischen tin-drum-sounds. Ich ballerte auf allem rum, was es gab: von der Blumenvase bis zum Aschenbecher. Und wenn Lonnie Donegan im Radio sang, dann trommelte ich dazu wie **ein vom Jenseits geschickter.**

Bei dem ganzen Gekrache haben sich meine Eltern dann schließlich gesagt, der Junge braucht 'ne richtige Schießbude. Ich hatte mich schon früh erkundigt, ob es in unserer Gegend irgendwelche Bands gab, bei denen ich eventuell mitspielen könnte. Mein Bruder Erich, der acht Jahre weiter durchblickte, kannte 'ne Band und sagte: »Okay, merke auf, Greenhorn, nun wirst Du in den Wahnsinn eingeführt.« Wir gingen also zu so 'ner Dixieland-Band, der »Border Town Jazz Band«, die spielten gerade »El Sizilio« ohne Kamm und Klaripete. Und dem Banjomann flog vor Entzücken ständig das dreifach angeschraubte Toupee weg.

*I*ch hab so einen kosmischen Juckreiz gekriegt, daß ich unbedingt mitspielen mußte, und dann haben sie mich gelassen. Mit hochroten Ohren saß ich am Schlagzeug und trommelte mir meine ganze Leidenschaft aus der Seele. Alle waren ganz scholle, will sagen, waren ganz platt. Die haben gesagt, der hat

den Rhythmus, daß jeder mitmuß, und auf die schnelle wurde ich auf der Stelle engagiert. So 'n kleiner Lindenzwerg mit kurzen Hosen hinterm Schlagzeug, wie Oskar Matzerat an der Blechtrommel. Ich war wirklich so 'n kleiner Gnom, den man hinter der gigantischen Bass-Drum kaum sah. Das war doch echt 'n Flash, absolut genital für jede Show. Und da der alte Schlagzeuger ja sowieso auf das Banjo umsteigen wollte, hatte ich im Blitzverfahren meinen ersten Job als Trommelsheriff in einer richtigen Band.

Ich, als junger schlafender Vulkan verkleidet, ging dienstags um halb sechs und freitags um halb sieben in den Probebunker, und bald war ich ready für meinen ersten großen öffentlichen Auftritt, wobei ich lange überlegt habe, ob ich zuerst mit dem rechten oder linken Fuß auftreten würde.

Das Hallelujah und Hosianna nahm kein Ende. Alles raunte vom Soulbrother von Mozart, dem Wunderkind von Gronau. Weil ich noch so verdammt jung war, durfte ich aus pflanzenschutztechnischen Gründen nur bis abends um 10 Uhr spielen, und dann kam der frisch angemietete Senioren-Nachttrommler, um in anstandsbetonter Weise meinen Job zu beenden. Weinend verschwand ich hinter den Kulissen, naja, man kennt ja das Jugendfrustgesetz. Alle tranken eimerweise Bier, und ich durfte immer nur an 'ner Tafel Schokolade rumlutschen. Es kam der Tag, da sprach ich: »Me not see it in no more! Ich will jetzt auch ein großes Bier haben, und du kannst gleich die wertvollen Mineralstoffe, Vitaminzusätze und Spurenelemente eines ordentlichen westfälischen Doppelkorns mit hineinmischen!« Manchmal wurde es auch schon halb elf, aber Gustav, der verständnisvolle Promillologe, sprach: »Sohn, okay, jetzt wirbel heute mal den Nachschlag, und irgendwie bin ich ja auch mächtig stolz auf dich!«

Für meinen Vater war das ja auch wirklich 'n starkes Ding,

denn er hatte ja selber Musikalartist werden wollen, Dirigent, wie wir uns erinnern. So wurde ich praktisch sein Stellvertreter. »Die Gnade der späten Geburt«, sprach mein Vater und schickte am selben Abend eine solidarische Ansichtskarte nach Oggersheim. How auch ever! Mit dem Trommelbub gings schnell nach vorne, und es hieß, der wird noch mal was ganz Großes. So hab ich das erste Mal begriffen, daß es von Vorteil sein kann, als Star durch die Welt zu stolpern, auch frauenmäßig und so. Andere Jungs, die schon viel größer und weniger pickelig waren als ich, standen durchstutzmäßig und kratzbetont in der Ecke und kriegten keine Mädels mehr ab. Die Herzen der jungen Gronauer Nymphen waren alle auf mich fixiert. Hit me with your rhythmstick!

Mit ungefähr dreizehn Jahren habe ich in der Schule meiner Vermutung Ausdruck verliehen, ich würde mal ein weltberühmter Trommler, so wie Gene Krupa, mit goldenen Autos, mit brillantenbesetzten Klosetts, und die Hollywood-Diven würden winselnd in der Nacht um meinen Palazzo in Santa Monica rumstreunen. Die andern Kinder in der Schule waren nun endgültig sicher: Jetzt hat Udo unwiderruflich das Riesenrad ab.

Also stellte ich mich vor die versammelte Klasse und verkündete: »Ihr Armleuchter, ihr könnt euch selber lecken!« Damals dämmerte mir, wie wichtig es für den künftigen Popstar ist, sich früh in der Disziplin »Großmaul und absolut rotzfrech« zu üben, denn auch später muß der Popstar öfter mal das Maul aufreißen, weil er weiß, die meisten Menschen trauen sich nicht.

Einer muß als Kompensator gewissermaßen grenzenlose Frechheiten begehen, genau das tun, wovon die meisten zwar träumen, aber den Mut hat keiner. Nein, der Popstar hat keinen Respekt vor der Naffelgesellschaft, deswegen kann er seinen »Leckt euch selber«-Weg auch gnadenlos gehen und wird für

ERICH
MIT
GESPIELIN

seine Unverfrorenheiten auch noch satt bezahlt. Nur bei den sogenannten Schlagersängern läuft das anders: Die zahlen sich
selber immer nur das Schweigegeld aus, halten sich am besten
aus allem raus, machen den Entertainerkasper und sind genauso
schlaff wie ihre gestörten Fans. Aber Schlagersänger wollt' ich
ja nun wirklich nicht werden, sondern der große Schlagzeugmei-
ster. Da jetzt alle mit dem »Der hat doch 'n Riesenrad ab!«-
Spruch kamen, war mir wirklich alles andere scheißegal. Sowas
motiviert eben erst recht.

Ich hab' gedacht, so 'n gesunder kleiner Starkoller ist bestimmt
nix Verkehrtes, war immer schon ein Feind vom reduzierten Be-
wußtsein. Außerdem gaben mir die Zeitungen Honig-a-gogo.
Wenn ich morgens die Gronauer Agrarexpertenzeitung aufschlug
und fast täglich mein Foto mit löblichster Untertitelung gesehen
hab, dachte ich: **»Lass sie sich alle selber lecken, mein Arsch
ist sowieso zu kostbar.«** Die für einen künftigen Popstar unab-
dingliche magische Geheimkraft des Größenwahns hatte sich
bereits voll in mich gesenkt. Der Grundstein für Narzismus und
Überfliegertum war gelegt. Ich fühlte mich wie ein kleiner Gott.

Apropos, Gott und Kirche. Meine sehr religiöse Großmutter
sprach: »Wir brauchen keinen kleinen Gott, wir brauchen
den großen Gott, den Gott der Christen, und der wohnt in der
Kirche. Wieso, Udo, gehst du dort so selten hin? Und wenn du
nun auch noch Trommler wirst, und dein großer Bruder wird
Hochseilartist in Sachen Malerei, ohne Netz und doppelten
Boden, dann ist es doch ganz wichtig, daß man sich erstmal
einen Stützstrumpf in der Kirche sichert. Denn wenn es hier auf

Erden dann doch nicht so richtig was wird, dann hat man wenigstens die Absolution des Himmelreichs in der Tasche.« Ich
sprach: »Öh«, schnitzte ihr ein neues Kruzifix und klaute ihr eine
neue Bibel.

Mein Vater und meine Mutter waren in jesustechnischen Angelegenheiten recht liberal. Beide hatten den Mitgliedsausweis zeit-
weilig beim Bezirksfinanzamt Epe-Süd abgegeben, und Hermine
hat sich aber später den Club-Ausweis wieder zurückgeholt. Auf
vehementes Drängen meiner Oma wurden meine drei Geschwister und ich dann aber vorsichtshalber doch getauft, weil, man
weiß ja nie. Ich war da schon neun Jahre alt. Wir wurden voll-
gespritzt und vollgesprenkelt, kübelweise Weihwasser ins
Gesicht. Der Pfarrer hat ständig meinen Namen verwechselt und
sagte immer »Inge« zu mir. Ich sag: »Erstmal heiß ich Udo, und
nun hören Sie mal auf zu plantschen. Ich habe bereits geduscht
heute morgen.« Ich kann immer wieder nur bestätigen, was Vater
damals sagte: **»Es entsteht viel zu viel Streß, Kriege, Konflikte
und Tragödien aus religiösen Motiven. Dagegen hilft nur die
Vielgötterei!«.**

Ich selber bin auch für die absolute Göttervielfalt. Ist doch klar.
Im Himmel ist für viele Götter Platz. Das erste Gebot heißt für
mich, daß jeder mit sich selber abmachen muß, was er für richtig
hält und woran er glauben möchte. Ob Gott, Allah, Buddha, Zeus
oder all die anderen Götter. Religionsstreß habe ich schon immer
sehr weggetreten gefunden, und ich finde es oberbeknackst, daß
die Menschen gerade in dem Punkt so wenig lernen.

HERMINE
UND
GUSTAV

Diese Kriege in Nordirland oder Iran gegen Irak, Israel und Palästina – das ist doch wirklich abgrundtief hirnrissig. Wenn meine Eltern also auch nicht gerade religiöse Extremisten waren und mit der Kirche eher wenig am Hut hatten, waren sie doch von den Ideen der himmlischen Nächstenliebe geprägt. Meine Mutter war eine bemerkenswert gütige und gerechte Frau. Von ihr kam Liebe, Wärme und Geborgenheit, ganz wichtig und toll für uns Kinder.

In so einer kleinen Stadt wie Gronau kriegt man natürlich viel mehr mit als in der anonymen Großstadt. Ständig werden Kinder geboren. Ständig sterben die Leute weg. Dauernd gibt's Verlobungen. Hier und da 'ne Hochzeit. Und dann ist wieder Sensemann. Kreißsaal, Kirche und Friedhof liegen dicht beieinander, das Leben dicht wie auf einem Meter des Planquadrats, alles sowas von eng, so kleine Zirkel, so 'ne Verdichtung von Schicksal & Tragödie. Nein, ich wollte es anders, ich wollte mehr. Ich wollte das Leben aus dem Vollen. Ich wollte keinen Schmalspurfilm vom Leben, sondern alles in Cinemascope und Panikcolor.

Ich grabsche 'n bißchen weiter rum in meinem Memory-Archiv, und da fällt mir eine meiner ersten Klassenfahrten zu einem Ort mit dem schönen Namen »Lindenberg« ein. Da gab's auch gleich Knipsefix am Ortsschild. In Lindenberg sitzen die Kollegen von Daniel Düsentrieb, die Erfinder des universalen Lochkäses, in engster Zusammenarbeit mit der Vertretung von Bleck und Schlecker-Käsebohrmaschinen. Zwischen einem Pflaumengeist und einem Käseplättchen in Senf gegossen wurde mir wieder klar: Nun wird es aber höchste Zeit, Popstar zu werden.

Die kleine Stadt, die liegt so weit zurück.
Sie war der Mittelpunkt der Welt.
Unsere enge Straße war
breit wie der Hollywood Boulevard
und in der Kirche wohnte der liebe Gott.
Da war er noch nicht tot,
da hat er sich noch um alles gekümmert.
Und Mutter hing die Wäsche auf,
im schmutzigen Wind hinter der Fabrik.
Und es gab auch ein Kino
und ich war sehr interessiert
was hinter der Leinwand passiert,
ob es das alles wirklich gibt.
Und ich war in Brigitte Bardot verliebt
und stand stundenlang vor dem Schaukasten und träumte.
Eine Sache war für mich damals schon völlig klar.
Wenn ich später groß bin, fahr ich nach Amerika.
Bestimmt warten die da schon
auf meines Vaters attraktiven Sohn.
Und dann werd' ich was Berühmtes
und zu Hause hören sie alle davon.
In der kleinen Stadt, wenn ich heute mal hinkomm,
dann stell ich fest: Das gleiche miefige Nest,
immer noch so kleinkariert.
Ist wirklich nicht viel passiert,
und du siehst 'n paar andere
Jungs an der Ecke stehen
und die bleiben auch nicht lange, so wie die aussehn.

*J*etzt war ich vierzehn – ich wurde immer schneller. Die fern-gesteuerten Naffels raunten bereits stadtweit: »Schaut mal, da geht Udo, der berühmte Störfall!« Meine erste »Goldene Primel« gewann ich auf dem Nordwestdeutschen Jazz Jambouree 1959 in Osnabrück, den 1. Preis für besonders schnelle Arbeit auf der Dixieland-Snare-drum. Je preiser gekrönt, je durcher gefallen! Wer, um Himmels willen, hat denn eigentlich noch den einen oder anderen audiovisuellen Mitschnitt von mir aus jener Zeit? Bitte bei mir melden!

»Wenn alles schläft und einer spricht, das nennt man dann hier Unterricht.« Schule fand ich eher langweilig. Genaugenommen hatte ich kein Interesse an der Schule. War mir ziemlich egal. Wozu auch, als trommelndes Naturtalent. Ich hab dann zwar die Mittlere Reife gemacht, aber so mehr von der Firma Durchschlei-cholin und Dr. Abschreibeberg. In Mathe hatte ich sogar mal 'ne eins. Das lag aber nur daran, daß der Platz neben dem Klassen-primus an diesem Tag gerade frei war und ich mich mit dem Rückspiegel und dem eingebauten Röntgenschirm neben ihn ge-schlichen hatte. Zwei Tage später, als die Zensuren verkündet wurden und ich mit 'ner eins dabei, kriegte die ganze Klasse 'nen Lachkrampf. Aha, der Vorführer hatte wieder zugeschlagen.

Weiter zurück in den Irrungen und Verwirrungen des Zöglings »El Panico«: In der Volksschule genoß ich vier Jahre lang den gleichen Lehrkörper, mit zwei Ohren dran. Frl. Klaas war in erster Linie meine Klavierlehrerin, aber unterrichtete die gleiche

Klasse parabolspiegelmäßig auch in allen anderen Fächern, so
daß ich heute respektbetont sagen kann, von ihr fast alles gelernt
zu haben, was man im späteren Leben sowieso nie braucht. Aber
sie hat's ja gut gemeint. Ich danke ihr und erweise ihr meine
Gunst. Aber was ja auch ganz und besonders wichtig ist, weil
es so junge Vögel in atemnehmender Weise ständig interessiert,
Aufklärung nämlich: Das gab's damals gar bis überhaupt nicht.
Das mußte man sich als junges Steifftier, ohne Knopf im Ohr,
selber erschnüffeln und hoffnungsträchtig davon ausgehen, daß
sich die Dinge noch entfickeln würden. Zu Hause hat mich auch
keiner aufgeklärt. Das meiste habe ich mir mit der Zeit durch de-
tektivistische Recherchen auf der Kinderdoktor-Unität selber beigebracht. Ich erinnere mich noch an einen Freund, den anderthalb Jahre älteren Clemi, der mit wissendem Blick davon sprach,
daß, wenn man den Lachs einlegt, es so prickelt, daß dir der Hut
hochgeht, selbst wenn du noch gar keinen auf hast.

*Als ich noch ein kleiner Knilch war, stand ich immer an der
Milchbar. Ich dachte nach über Pubertät und hab mich so
gewundert, daß das Ding da plötzlich steht. Dann ging ich
schnell wie auf heißen Kohlen nach Hause um mir einen
runterzu... Ich träumte von 'nem flotten Dreier, doch man
wußte ja kaum, wie 'n Einer geht. Als man noch jung war.*

*Und Samstagabend durfte man ausgehen, man wollt' ein
bißchen lecker aussehen. Man drückte sich die Pickel aus
und sah so aus wie Peter Kraus. Und stundenlang vorm
Spiegel schwitzen, weil, die Frisur, sie wollt nicht richtig
sitzen. Und was für'n Streß, was nimmt man heut für 'n
T-Shirt, man war so verstört. Oh Gott, war man verstört,
als man noch jung war.*

Was man über Mädchen wissen mußte, gab's an der Schule
auf jeden Fall nicht zu lernen. Sexualität war Los Anonymos,
Diskretos, Kriminalos. Aufklärung war eher Nichtklärung und
wenn, dann nur auf der absoluten Horrorschiene. Totale Ab-
schreckung. Es wurde gedroht mit Siechtum, Schwersterkrankun-
gen und Hölle außerdem. Wenn man sich beim freundlichen In-
nenbesuch einer Dame das Prickelteil verbiegt, so wurde erzählt,
kommt der Doktor Finstermann mit der langen Nadel an. Sticht
damit, als Mann für's ganz Grobe verkleidet, in der Harnröhre
herum, um auf diese Weise zu ermitteln, ob man sich die Strap-
sokokken geholt hat, und wenn man sie dann hat, stirbt man auf
der Stelle. Solche Stories wurden in der Schule echt erbarmungslos erzählt, und einige noch sensibler geratene Kollegen als ich
sind tatsächlich reihenweise vor Schreck aus der Schulbank gefallen und lagen dann röchelnd und Angstschweiß absondernd
zwischen den Gängen – und das ist die reinste PRAWDA, was
ich hier erzähle.

Zu Hause, wie ich schon sagte, war Sexualität absolut tabu,
wie das halt in den 50er Jahren so üblich war. Oswald Kolle, »der
fröhliche Botschafter aus dem Reich der Sinne«, war ja auch
noch nicht in Gronau angekommen. Nein, Begattung gab's
damals, wenn überhaupt, dann nur unter der streng abgedunkelten Bettdecke. Es war eine ganz prüde, urkatholische, lust-
feindliche Welt, alles verboten. Ich, damals in den Fängen der
erzkonservativen Katholen: aus Solidarität mit meinem Kumpel
Ede, dem Ministranten, Oblaten gekaut und Meßwein genippt,
und sonntags wurden alle in die Kirche geprügelt, zum Abbeten,
und dann auch noch ab in den Beichtstuhl! Ich, damals noch

Oberklemmi vom Dienst war eher von vornehmer Steifheit geprägt und sollte noch so manchen Frust durchleiden. Nein, es war nicht viel mit Sünde, und außerdem hingen die großen düsteren Wolken der Bedrohung und der Todesstrafe am Gronauer Himmel über mir, der ich zwischen rasender Begierde und dumpfer Angst hin und hergerissen war. Und nicht nur meine Oma, sondern sämtliche anderen Sitteninstitutionen der Stadt und Umgebung stellten das sofortige Fegefeuer in Aussicht, für den Fall, daß man diesen Entgleisungen frönte.

Zu der Zeit hörte ich oft das Lied von den Beatles »Onanie – Onana – Obladie Oblada«. Oh, ermöse mich vom Bösen und führe mich nicht ein in die Versuchung.

Erst im hohen Alter von 17 Jahren widerfuhr mir in Tripolis, Nordafrika, wo ich mich zwecks vielschichtiger beruflicher Weiterbildung aufhielt, die ganze Einführung in die Wunderwelt der Triebtat. Dort machte ich in einem maurischen Freudenhaus als »Matrose Lockerlose mit der Beule in der Hose« meine endgültige Reife- und Steifeprüfung.

ICH, SAMMY UND GEROLD IN TRIPOLIS

Wenn das pubertäre Pickelgesicht so um die vierzehn rum ist und es bereits zu einer vorherragenden bezirkstechnischen Musikanten-Popularität gebracht hat, kommt der Tag, an dem die konsequente unwiderrufliche Biege gemacht werden muß. Es kommt der Tag des Abschieds von den Naffelfürsten in der Provence. Jetzt muß er sich mit aller Radikalität aus der heimeligen Durchschnittswelt raussprengen. Hinterm Horizont, gleich um die Ecke links, liegt New York und wartet schon oder London oder Tokyo.

Am Freitag um fünf stelle man sich vor den Spiegel, gucke sich selber in die Augen und durch die Augen hindurch bis auf den Grund der Seele runter. Dort wabert die brachiale Entschlossenheit, es nun ein für allemal und endgültig weltweit zu bringen.

Merkblatt 2:

Wann muß sich der künftige Popstar aus der Provinz wegtun, um die große Glitzerwelt abzuleuchten?

Und wieder spürt der künftige Popstar mit einem messerscharfen »Oh Donna Clara« die Heilige Verpflichtung, den Planeten Erde mit seiner Kunst und seiner Genialität beglücken zu müssen. Er, diese kostbare Option für die nächsten Dekaden. Er, dieser göttliche Wurf der Erquickung. Er, die gleißende Verheißung, ob in Schecks oder in bar, der Dollar-Missionar – der Missionar, der aus dem Gully kam.

Wenn der Popstar sich nun circa drei Stunden lang in die Augen geguckt hat, hat er den »Point of no return« längst überschritten. Man sattle seinen Fußpilz, und es wird losgeritten. Sollten die Alten trotz der berechtigten Aussicht auf Millionen-

Merkblatt 2

gagen in Las Vegas »Einspruch!« schreien und auf Protest machen und stur und starr auf weiteren Verbleib der unbremsbaren Popratte in der durchnäßten Abfang-Sparbierbehausung zwecks gesicherten häuslichen Sozialprogrammen bestehen, so faßt man den Entschluß, in einer Nacht-und-Nebel-Aktion erbarmungslos von zu Hause abzuhauen, und zwar im Morgengrausen. Sorgfältig wird die Plastiktüte gepackt, die heißen 3 Hotpants, das spezielle Parfum vom »Los Clochards« (so wie er wirklich roch) und den batteriebetriebenen Unterwegsföhn von der Firma Immerschön, Pickelcreme, Zahnersatz, leeres Telefonbuch für die very VIP-Connections, Alka-Seltzer und Alka-Sülzer und die Profilaxetablette für den stets gepflegten Schnidelputz. Beim Bingo um die Ecke verdient man sich schnell noch mal fünfzig Dollar, notfalls klauen, und dann lege man sich ganz entspannt und wild entschlossen in die Pofe, damit am nächsten Morgen die Alten sagen: »Ja, is it then the possibility?!«

Morgens um zehn nach fünf schleicht sich die Popratte heimlich aus dem Haus. Bewährt hat sich das Zurücklassen einer alten Beatles Schallplatte »He's leaving home«, links neben dem Frühstücksei der fassungslosen Eltern.

Morgens um halb sieben ist der Popstar schon hinter dem ersten »last exit nach Paradise-Island« abgebogen und holt zum Frühstück erstmal den Flachmann aus der Tasche. Mit der Morgenbreitseite trifft er jetzt gleich die übriggebliebenen Experten von der nächtlichen Breitseite, und zwar genau die Finstermänner, die ihm einiges erzählen können über die halbseidene Halbwelt und abgrundtiefe Unterwelt, denn merke: »**Es gibt keine Oberwelt ohne Unterwelt!**« (Zitat: Rolf Baierle).

Der Popstar ist natürlich ein Schnelldurchblicker, und von dem ganzen Scheiß, den er auf seinem steinigen Weg ins Apollo der Erhabenen zu hören kriegt, glaubt er immer erstmal

Merkblatt 2

sowieso nur die Hälfte. Das nächste Viertel vergißt er auch gleich wieder, und das restliche Viertel kennt er sowieso schon, weil er durch frühjugendliches Vielfilmegucken die Welt bereits schon absolut gut kennt. Ja, wichtig: Der wachsende Superstar von morgen muß sich viele Filme anschauen, die an allen möglichen Schauplätzen der Welt gedreht wurden. Dann sucht er sich ein Ziel aus und scheut kein Mittel dahinzukommen. Notfalls auf einem Bananendampfer nach Brasilien, als Blinder Passagier verkleidet. Natürlich muß man das so einrichten, daß man genau zur Zeit des Karnevals dort eintrifft. Man spielt dann gleich bei den besten Samba-Street-Bands mit, mischt sich so unters Musikervolk und tut so, als gehörte man schon immer dazu.

Man kann natürlich auch nach Indien trampen oder auf den Nanga Parbat steigen, um dort den tibetanischen Klingeltest zu machen. Aber, eins ist klar, ohne den Hunger nach der großen weiten Welt wird man sowieso kein Popstar. Man kriegt den ersten Flash in Bangla Cash, und die Freundin sitzt dann schwanger in Tanger. Nashville liegt in Tennessee oder man immatrikuliert sich an der Gurgelschule von Bayreuth. Locker, Gnadenlos und stählern trifft man die Oberhammerfrau aus Oberammergau nach dem Motto: »Heute noch auf rosa Kissen, morgen tut's schon weh beim Pissen!«

Aber dann auch wieder das Kneippsche Emotionalbad, die Härteteststufe I auf härtesten Parkbänken oder bei der Bahnhofsmission. Kalte Nächte und Schüttelhusten, Zechprellerei und Mundraub. Nachdem man sich dann das reichliche Hart- und Zuckerbrot der frühen Lehr- und Wanderjahre reingefressen hat, stellt man sich selber den Meisterbrief für absolutes Durchblickologentum aus und die Unbedenklichkeitsbescheinigung in Sachen: sich nie wieder vorführen lassen.

Merkblatt 2

Nein, keiner ist so hart wie die Ratte. Man studiert das Leben, man studiert die Leber, man kultiviert die Härte, man pflegt seine Sensibilität. Gefühl? Klar, ganz wichtig. Du mußt die Songs so singen, daß die Leute sich auf offener Straße hinschmeißen und in Tränen ausbrechen, du mußt in der Lage sein, ganze Konzertsäle in reißende Sturzbäche des gerührten Weine-Auges zu verwandeln. Ja, abrufen können mußt du die Nässe am Schenkel und die Betroffenheit am Knie. Nun wird es für den erhabenen jungen Popstar aber auch höchste Zeit, die erste Platte aufzunehmen. Zu diesem Zwecke schlucke man schnell noch eine Radikaldosis Alkasülzer und belabere eine reiche Abschreibungswitwe, ein liquides Auslaufmodel, dem die Schecks drei Meter lang aus der Tasche raushängen. Man macht auf verträumten Erbschleicher, der Absolvent von der »Hochschule der gesteigerten Charmanz« in Baskerville. Mit dem Schüttelproofscheck von fünfzigtausend Dollars geht man in ein absolutes universales Topstudio und bittet Prince um gepflegten Chorgesang. Wenn er nicht will, sagt man: **»Prince, ich glaub', du spinnst. Dann eben Jackson Michael an der Balaleikel.«**

Falls die reiche Dame 'n Igel in der Tasche hat und die Kohle nicht rausreißt, kann man wahlweise auch auf einen schwulen Produzenten zurückgreifen, verspricht ihm alles und hält nichts. Wenn auch das nicht funktioniert, kann man sich immer noch an das Syndikat L. wenden. Allerdings weiß man dann nicht so genau, ob einen nicht vielleicht bei einer ersten eventuellen »Sanges Unlust« die blaue Kugel tödlich trifft. So einfach geht das alles.

Bei mir war's genauso, nur 'n bißchen anders . . .

Merkblatt 2

*A*ls ich mit fünfzehn endlich den Mittleren Reifen hatte, konnte ich es kaum abwarten, aus Gronau abzuhauen. Ich befand mich in einer vorübergehenden Irritation in Sachen Beruf. Musiker wollte ich schon werden, großer Trommler auf jeden Fall, aber vielleicht doch erst ein bißchen später und erst was Solides lernen. Ein paar Jahre Schiffsstewart und dann in Acapulco von Bord gehen und Gene Krupa persönlich kennenlernen. Also gut, laß mal checken, erst mal so rum.

Mit meinem alten Kumpel Herm Eiling bin ich nach Düsseldorf getrampt, weil ich dort 'ne Kellnerlehre im Siebensterne-Edelstolz-Soße-Bernaise-Hotel »Breidenbacher Hof« machen wollte. Herm, der alte Zocker, war 'n paar Jahre älter als ich und war von frühester Kindheit an einer meiner besten Freunde. Er war Schiffsstewart auf dem Erdumkreisungsdampfer »Europa«. Als er sich auf den sieben Weltmee-

Zwei

ren sein Zuhause eingerichtet hatte, schrieb er mir immer obergeile Postkarten aus allen Ecken und Winkeln der Welt. Er schrieb immer, wie toll es hierundda war aus Hawaii und Kuba, besonders im Vergleich zu Gronau. Sein Weg in die Welt war über die Kellnerlehre gelaufen, und genauso wollte ich das dann auch machen.

Mein Vater hatte einen alten Kumpel in Düsseldorf, Opi Töllner, der sich um mich kümmern sollte. Das war ja nun immerhin das erste Mal, daß ich von zu Hause so richtig weg war. Meine Eltern wollten auf diese Weise so'n bißchen auf Controletti machen. Sie hatten mir ja bekanntlicherweise schon die Ohren kraus geredet, daß es mit der Musik zu kühn wäre, berufsmäßig und so. Ich sollte erst einmal 'ne abgeschlossene Normal-Naffel-Ausbildung haben, also Oberkellner werden, feine Manieren lernen und die gesicherten 120 Mark minus Mehrwertsteuer auf dem Rentenkonto ansparen.

Der Oberkellner im Breidenbacher Hof war ein alter Militärfreak und trat den Kellnerlehrlingen, immer wenn sie von der falschen Seite angestolpert kamen, mit dem Mörderfuß auf die Zehen, so daß das Blut aus den Schuhen rausspritzte. Ich sagte: »Bitte beachten sie mein Hühnerauge«, wurde aber trotzdem sofort eingestellt. Zuerst war ich Page und Liftboy und hab' die ganzen Schniegelaffen bedient. Frau Doktor Glattmann und Oberindustrialabsauger Ede Adelstolz.

Unfaßbar, wenn ich mir das heute so überlege: stundenlang an der Tür stehen. Sie aufmachen, wenn Leute kommen, und sie zumachen, wenn sie durch sind. Der absolute Ödeblödejob. Hab ich dann ja auch nur vier Monate durchgehalten. Ich mußte morgens um fünf die Hühner wecken und ihnen sagen: »Nun kräht mal schön, ein anderer Tag zum Wegschmeißen hat gerade begonnen«. Und dann ab in die Trambahn, kurz nach Mitternacht. Absolute Folter. Und dann um halb sechs die Aschenbecher putzen. Das ganze Kerzenständersilber auf Hochglanz hauchen und für die Frühstücksgedecke die Senftöpfe mit Entsenfolin absenfen.

Auf die Dauer ergriff der Zweifel mich, und ich zweifelte vor mich hin, ob ich nicht vielleicht doch als Musikus mein Ziel schneller erreichen könne, nämlich ein Bündel Dollarnoten in der Tasche und dann ab in die große weite Welt. Okay, laß mal jucken, habe ich mir gedacht und landete aber gleich einen peinlich sauberen Fehlstart im Musikgewerbe.

In Düsseldorf gab es den Jazzkeller »Jazz Cap«. Dort spielte 'ne Band, bei der ich abends nach meinem Kellnermärtyrerjob schon verschiedentlich eingestiegen war, und die hatten Geschmack. Die fanden das gut, wie ich so spielte. Eines Tages fragten sie mich, ob ich denn nicht fest mit ihnen spielen wollte, weil sie Streß mit ihrem Trommler hätten. Und ich sag', es gibt Antworten, die keiner Frage bedürfen, und ich wär sofort dabei. Nun hieß es, auf die schnelle den Kellnerjob loswerden, ohne daß ich meinerseits die Kündigung aussprach. Wegen möglicher Konventionalstrafe mußte ich sicherstellen, daß die mir kündigten, und

INGE

zwar im Eilverfahren. Also sind mir plötzlich als Dr. Holterdistol-
per die Naffelkaraffen und wertvollsten Kristallgläser, die von
der Firma »Mit dem Munde geblasen und endlos teuer« aus Versehen vom Tablett gerutscht. Beim Flambieren hab' ich es dann
auch noch hingekriegt, daß die Dame, und nicht das Fondu, in
Flammen stand und die Soße über das Knie des Freiers flutsch-
te. Das brachte mich sofort an das Ziel meiner Wünsche, nämlich
Rausschmiß ohne Vertragsstrafe. Ich atmete durch, und dann
nichts wie hin in die Jazzkneipe, wo meine neue Band auftrat,
und dort hingen sie alle und tranken einen oder auch zwei mit
ihrem alten Drummer. Totaler Schock! Sie hatten sich gerade
wieder mit ihm versöhnt und brauchten mich nicht mehr. Nun
stand ich da im Regen ohne Doppeljob und ging erst 'mal um
die Ecke und spielte Doppelkopp. Sie haben mir dann noch einen
Zehnmarkschein gereicht und einen Dreifachkorn ausgegeben,
so zum Trost, und das war's dann auch. Kein Kellner mehr und
auch kein Drummerjob.

*E*in Fußpilz kommt selten allein, und ein Unglück kommt auch
gelegentlich vielfältig. An diesem Tag waren aller schlechter
Dinge drei. Das dritte Unglück war, daß am selben Tag mein
Zimmer abbrannte. Ich hatte am Tage zuvor einer der Gronauer
Göttinnen einen Brief geschrieben. Meiner ganz begehrten hoch-
verehrten Annemie, um sie davon in Kenntnis zu setzen, daß ich
nun weltweit alles schon weitestgehend im Griff hätte und sie
bald nachziehen könne oder auch nicht. Auf jeden Fall großes
Liebesgedüse und dergleichen. Vorm Abschicken habe ich den

SCHWESTERN

ECKI

Brief dann noch mal durchgelesen – war eigentlich nicht so ganz glanzvoll gelungen. Nein, es ging besser. Neuschreiben! Deshalb wollte ich den alten Brief verbrennen. Auch wegen der Nachwelt, keine Zeugen und ganz verschwiegen und ganz geheim. Statt den brennenden Brief in den wassersprudelnden Spülstein zu schmeißen, wie ich das früher in Gronau immer gemacht hatte, warf ich ihn zerstreutermaßen und in Gedanken versunken in den Papierkorb. Und der stand sofort in Flammen. Danach die Gardinen und dann auch bald das ganze Zimmer. Kokel – Kokel – schockschwere Not! Das war zuviel an einem Tag. Alter Job los, neuer Job los und kein Zimmer mehr, außer bei der Bahnhofsmission. Die Versicherung hat die Bude dann zwar bezahlt, aber meine Eltern durften von nichts wissen, und so saß ich dann mit 'nem Margarinekarton und ein paar Beruhigungspillen einigermaßen ratlos im Düsseldorfer Hofgarten, hab mich gekratzt und mir ein paar konsequente Gedanken über meine Zukunft gemacht.

Düsseldorf war damals, als ich fünfzehn war, meine erste gigantisch große Stadt. Ich, Big City Virgin, staune, staune, gute Laune. Damals, 1962, war's 'ne richtige Wildweststadt, fand ich jedenfalls. Sehr rauh und sehr hart. Das große Modemesseglattmacherbügeleisen hatte die Stadt damals wohl noch ziemlich verschont. Als ich da gesehen hab, was das für'n Wilder Westen ist und in welcher Einzelkämpfergesellschaft wir hier leben, wo jeder jeden austrickst, so gut er kann, da habe ich mir gedacht: »Da muß ich ja hier wohl mal drauf achten, daß ich nicht ausgetrickst werde. Da muß ich schnell lernen, meine Interessen durchzusetzen. Wenn hier einer trickst, dann am besten ich – ganz nach Art des Hauses.«

So habe ich früh gelernt, mein eigner Interessenverwalter zu werden, aber das alles auf meine eigene ganz charmante Weise. Und nicht böse und brutal in dieser kalten Welt. Mir kam der Spruch in den Sinn: »Der Trick ist, früher aufgestanden zu sein, obwohl man länger geschlafen hat.« Und so ließ ich mich dann ganz entspannt von der Frühstückskellnerin der Heilsarmee niemals vor zwölf Uhr mittags wecken und schlug meinen immer klarer werdenden Weg ein. Wenn es mit dem ersten Profi-Engagement nicht geklappt hatte, so mußte ich es eben so lange weiterversuchen, bis ich die richtige Truppe für mich finden würde.

Von Rock war damals 1962 noch gar nicht die Rede, Jazzer wollte ich werden. Ich weiß noch ganz genau, wie »Satchmo« Louis Armstrong das erste Mal live in meinem Leben auftauchte. Als er nämlich in einem großen weißen Amischlitten durchs Fußballstadion von Enschede (Holland) glitt, mit dem wehenden Taschentuch in der Hand. Satchmo grüßte die vor Rührung weinenden Menschen, die dort in der Arena auf ihn gewartet hatten. Er zückte die Rotfahne, und alles brach zusammen. Und dann abends sein Konzert! Ich war einfach hin und weg. Der Jazz und Louis Armstrong, beide hatten mich gepackt. Ich war sicher einer seiner größten Fans. Ich erinnere mich auch an die »Benny Goodman Story«, die ich zum ersten Mal in den späten fünfziger Jahren in einem Kino in Gronau erlebt hab.

Harry Belafonte und Paul Anka haben sich mir auch in die Seele reintätowiert und nachhaltigste Eindrücke hinterlassen, und irgendwann kam dann der Rock'n Roll. Ich fand zwar den Rock'n Roll anfangs ganz erfrischend, Elvis und Bill Haley-mäßig und so, aber noch 'ne Ecke schärfer fand ich eben damals doch die Jazz-Meister, wie die bereits Erwähnten, und dann kamen später so Leute wie Art Blakey & his Jazz Messengers, Charly Parker, John Coltrane, Miles Davis und Buddy Rich.

Stones und Beatles waren für mich erst 'ne ganze Ecke später dran, weil ich dann später irgendwann für zwei Jahre im afrikanischen Gebüsch verschollen war und die Kunde von diesen Rockrevoluzzern mühsam und schleppend auf Umwegen erst bis in die libysche Taiga durchkam.

Von der Düsseldorfer Bahnhofsmission hatte es mich nämlich überraschenderweise zu den Beduinen verschlagen, was mir wieder bewies, welche Joker Fortuna so aus dem Ärmel zappeln kann.

*U*do, der Wüstenfuchs! Daß es dazu kommen würde, hatte ich mir in Düsseldorf auch noch nicht gedacht. In meinem Düsseldorfer Tief fiel mir nämlich erstmal nur der Veranstalter Willy Schwenken aus Coesfeld ein, der damals Jazz-Jambourees organisierte, bei denen ich ja auch schon früher meinen ersten »Goldenen Trommelstock« gewonnen hatte. Ich telonanierte ihn an und sagte: »Mach mir mal 'n Angebot, das ich nicht ablehnen kann.« Er hatte da irgend 'ne Band in Amsterdam, fiel ihm ein, da könnte ich vielleicht einsteigen. Drei Tage später gehörte ich dann zu den »Mr. Adams Jazzopators«, und alles lief ganz gut an. Nach dem abgebrochenen Stolperkellner-Crashkurs mußte ich bei meinen grübelbetonten Eltern ja nun endlich irgendwelche Zukunftspläne einreichen. Also dachte ich mir, studierst du mal Musik. Ich ging zum Duisburger Konservatorium in einen Jazz-Kurs. Außerdem habe ich mich auch in der sinfonischen Abteilung herumgetrieben. Große Pauken, kleine Trommeln, Triangel, pingeling und stockhausenmäßiges Papiergetütengeraschel. Alles, was intelligenten Krach macht. Aber die Jazzopators spielten drei bis viermal die Woche, so daß die Studiererei eher nebenbei lief. Ich mußte ja auch meine Kohlen verdienen, und bei der Band gab's immerhin fünfzig Mark pro Abend und 'n Rollmops.

Der Duisburger Magister-Clan kam mir bald auf die Schliche und merkte, was für'n schlaffer Student ich war. **Der Student, der keiner ist, weil er ständig sich verpißt.** Also Rausschmiß. Ich dachte, in Münster kennen die mich noch nicht. Musikhochschule Münster und nebenbei die Beat Band »The Mustangs«.

Gerade hatte ich mich auf der Musikschule Münster per Einschreibebrief eingeschrieben und den deppenmäßigen Klopfzeichen-Aufnahmekursus bestanden, da brach ein Telegramm aus Paris über mich herein: »Bitte kommen, wir brauchen einen Trommler.«

Aus grauer Vorzeit noch kannte ich den Posaunisten Gerold Flasse, und es war seine Band, die dringend 'n Drummer suchte für eine mindestens einjährige Tour durch amerikanische Armee-Clubs in Libyen, damals noch unter König Idris. Ghadafi war da wohl noch ein Teenie auf dem Revoluzzer-Internat.

Zu Hause in Gronau mußte der kleine Udo seinem Vater eröff-

nen: »Ich gehe erst mal nicht auf die KV (**K**annste **V**ergessen) Musikuni. Nein, der Wunderknabe trommelt sich jetzt erstmal durch Afrika!« Die helle Begeisterung brachte das nun auch gerade nicht, aber schließlich zeigte mein Vater, was in ihm steckte: »Ich wollte früher Konditor werden, oder Dirigent, und ich durfte es nich', und du willst Trommler in Afrika werden. Du darfst es!«

Die große weite Welt wurde das dann zwar auch noch nicht so ganz, obwohl es für einen Siebzehnjährigen schon 'ne ziemliche Strecke ist bis Afrika. Und zweihundert Dollar im Monat ist ja auch nicht schlecht. Damals war der Dollar noch 4 Deutschmark wert.

In Libyen lernte ich dann eher das Ende der Zivilisation kennen. Wir spielten monatelang irgendwo in der Wüste für amerikanische G.I.s in irgendwelchen Wellblechschuppen gleich um die Ecke vom Flugplatz, Airbase – Airforce. Damals hatten die Amis noch jede Menge Soldaten in Libyen stationiert, die teilweise mit ihren Raketen und wer weiß was sonst noch allem rumballerten. Das war der reinste Selbstmordjob, weil man theoretisch nur mit besoffenen Amis in der endlosen Wüste zu tun hatte. Immense Hitze, immenses Geschwitze und zur Kühlung lauwarmen Whisky bis zum Abwinken. Morgens wurde dann der Notarzt gefragt, wie es mit den Überlebenschancen aussieht. Ich, der kleine Lehrlings-Trinker, wollte natürlich keinen schlaffen Eindruck machen und sagte: »Okay, dann trink ich jetzt eben auch auf EX, und der Hitzestich, der kriegt mich nich'.«

Montags war in den Clubs immer der freie Tag, und alle gingen in den Puff von Tripolis oder einfach nur, sich schlicht be-

saufen. Ja, manche zogen nur los, um sich das dreifache Hinterhirn abzuschrauben und andere hatten eben nur die Vögelei im
Kopf, weil es einfach zu höllisch in den Eierchen kribbelte.
»Stau«, sagten sie, »der Druck muß weg«. Die meisten hatten
sowieso nach kurzer Zeit so' ne Art Wüstenkoller und fingen
schon an, außer der Vater- auch noch die Muttermorgana zu
sehen. Naja, die Wüste lebt, der Wahnsinn bebt, eisgekühltes
Bier, automatisch eingebaut in die zweieinhalbhöckerigen Kän-
geruhs, oh nein, vielleicht waren es doch Kamele. Pikierte
sandige Wanderdünen und dahinter wieder 'ne Oase, und der
erste Schnee flog in die Nase, aber nicht in meine. An dieser
Stelle, und an Eidesstatt, versichere ich dem geneigten Sympat-
hisanten, hat es mir mit der Sauferei schon gereicht. Koks nahm
ich nie und nimmerdar. Ab und zu flogen wir mit den Star-
fightern die Sahara ab und wunderten uns, daß man vor lauter
Sand dann überhaupt keine Bäume mehr sah.

In Tripoli gab's in der Öffentlichkeit keine Frauen zu sehen.
Oder wenn, machten die auf absolute Verdunkelungsgefahr und
hüllten ihre wunderschönen dunklen Mandelaugen in mysteriöses Nichterkennungsdiensttuch ein. Ihre großzügigen Leiber
waren gänzlich weggetarnt, und bis auf den schnellen Knöchel
gab es nichts zu sehen, nur zu erahnen. Der schnelle nackte Fuß
und der sexuelle Blues. Die Kollegen gingen öfter mal in die
Wichselstube und rüttelten an der sandigen Wüstenpalme.
Manche Musiker haben sich dort auch einfach zu Tode gesoffen
und dann jahrelang in irgendwelchen libyschen Tiefkühltruhen
abgelegen, weil keiner der Verwandten die Kohle schickte, um
die Leiche zinksargmäßig in die Heimat zurückzuholen. Ich griff

mir noch eine Feige vom Pappelbaum und stellte mit wachsender Besorgnis fest, daß ich allmählich das große Zipperlein kriegte. Es hatte mich alles so mitgenommen, daß ich die nächstbeste Gelegenheit wahrnahm, wieder nach Deutschland zurückzureisen. Über Paris, Rotterdam, Münster, direkt nach Gronau City!

*A*ls ich dann zurück in Deutschland in einem Plattengeschäft 1964 das Cover einer Rolling-Stones-Platte entdeckte, mit den Langolinhaaren, dachte ich nur, wat 'ne Welt! Stille Nacht Highlige Nacht, alles lacht, einsam spinnt . . .

Bei den Beduinen hatte ich nämlich von diesen neuen Musikern wenig gehört, und die Weltkommunikationsmedien waren natürlich auch noch nicht das, was man heute so kennt. »Instant-World-TV-Action«, das gab's damals eben noch nicht. Die ganze Sauferei in der Wüste hatte mich ziemlich fertiggemacht. Deshalb bin ich dann erstmal in Gronau zum Nervenarzt gegangen, der behandelte sich gerade selber und gab mir Baldrian-Tee, aber ich blieb cool, denn ich wußte, in Münster wartete ja noch das enorm nervenberuhigende Studium auf mich.

Daß ich weitertrommeln wollte, wußte ich zwar ganz genau, aber wie und wo und so, das wußte ich noch nicht so sonnenklar. Der Weg nach Las Vegas schien mir auf jeden Fall doch noch sehr, sehr weit, und die ersten großen Liebesbeziehungen machten es mir als jungem Beziehungsberechtigten auch nicht gerade leichter. Na ja, das Liebesgedüse. Auch ich blieb nicht verschont davon. Auf dem Schlachtfeld der großen Gefühle wurde ich erstmal schwer geschunden, aber schön war's ja auch, und zwar sehr. Jedenfalls anfangs. Ich, der eher scheue Mitmensch, kenn' mich ja genaugenommen in Liebesangelegenheiten auch heute immer noch nicht so richtig gut aus.

»Er wollte nach London« Mit dreizehn ist er zum ersten Mal
von zu Hause weggerannt. Er wollte nach London und später
nach Paris. Das waren komische Gefühle, als er nachts an
der Straße stand, den Schlafsack unterm Arm und dreißig
Mark in der Hand. Er rauchte viele Zigaretten und dann
wurde es wieder heller. Und morgens um sieben hatten sie
ihn, sein Alter war leider schneller.
Als er so um fünfzehn war, hat er's noch mal versucht und
dieses Mal hat's hingehauen, da haben sie sehr geflucht. Als
er drei Tage später den Eindruck hatte, daß er weit genug
weg war, hat er zu Hause angerufen und gesagt, es wär alles
klar. Eigentlich war gar nichts klar. Und das Geld war auch
schon alle. Und nun stand er da in irgendeiner kalten Bahn-
hofshalle.
Er war in London, er war in Paris. Er war in vielen großen
Städten. Er schlief auf harten Parkbänken und auf weichen
Wasserbetten. Er spürte, daß er irgendwie auf der Suche war,
doch was er eigentlich wollte, das war ihm damals noch
nicht klar. Inzwischen ist er neunzehn und er weiß immer
noch nicht so genau, was er denn nun davon halten soll von
dieser ganzen Schau. Viele Sachen sieht er anders und er
glaubt auch nicht mehr so daran, daß es nur an der Umgebung liegt. Vielleicht kommt es doch mehr auf einen selber
an.
Und nun liest er ein Buch von Hermann Hesse und nun macht
er Meditation, doch er findet Jerry Cotton auch sehr stark,
und er lernt jetzt auch noch Saxophon.

»Meine erste Liebe« Du kannst Dir echt nicht vorstellen, wie sehr ich Dich geliebt hab. Du warst die erste Frau für mich und ich verlor fast den Verstand. Ich weiß noch, als Du da reinkamst in unseren Rock'n Roll Club, da ist mir auf der Stelle die Sicherung durchgebrannt... Ich hatte mich immer für'n coolen Jungen gehalten, doch die Kinnlade klappte mir weg und das Bierglas flog mir aus der Hand und ich spürte sofort, daß du irgendwie wie Rauschgift warst und ich sagte: O. K., Göttin, ich gesteh', daß ich süchtig bin!

Dann ging das los, wir waren wie besessen, wir konnten nicht mehr schlafen, wir konnten nix mehr essen. Wir waren nur noch in totaler Aufruhr. Wir hingen zusammen, rund um die Uhr. Daß das immer so bleibt, mit Ewigkeitsgarantie, das war unsere feste Meinung. Und warst Du auch nur 'ne halbe Stunde weg, kriegte ich sofort 'ne Entzugserscheinung.

Und dann die ersten Pettingaktionen auf dem Rücksitz meiner alten Karre. Ich tapezierte dich mit Küssen und und war geladen wie 'ne Knarre. Es war utopisch erektiv, als ich das erste Mal mit Dir schlief. Es tat dir zwar 'n bißchen weh, doch trotzdem haben wir die Sterne gesehen.

Das Mädchen: Da war nur eine Sache, die haben wir nicht ge-
checkt, daß Eifersucht bescheuert ist, vor allem, wenn nichts
dahintersteckt. Du hattest so 'ne Angst vor anderen Jungs
und ich vor andern Fraun, und da haben wir uns in unserem
Käfig aus Liebe fast die Köpfe eingehaun.

Udo: dann war Schluß und ich drehte durch wie ein Idiot. Ich
heulte tagelang und es war wie ein kleiner Tod. Und jetzt
treff ich dich zufällig wieder in der Schnöseldorfer Plastikal-
lee und ich merk, daß ich inzwischen doch schon ganz schön
drübersteh. Wir reden ein paar Takte, doch du hast nur noch
Small-Talk drauf und dein Modekasper fordert dich zum Wei-
terschlendern auf. Du bist mir unheimlich fremd, und ich bin
so komisch berührt und es ist wie Nostalgie-Kino und der
Film wird noch mal vorgeführt. Es schmerzt ein bißchen. Ich
seh dein Gesicht ist vom Spießertran gezeichnet und als
Droge bist Du leider überhaupt nicht mehr geeignet.
Und deinetwegen hätt ich mich damals beinah umgebracht.
Mit den Tabletten in der Hand bin ich rumgerannt, die ganze
Nacht. Aber mein Mut und das war sehr gut, hat dann doch
nicht mitgemacht...

CATARINA
VALENTE

*M*eine erste große Liebe begann mit dreizehn, und diese »Affaire« hielt an, bis ich siebzehn wurde: Richtig verliebt war ich in Jule, und ich fühlte mich wie Romeo. Und alles war ganz schwierig, und alles war ganz klemmig. Ich wollte sie haben, nicht nur mal eben so, sondern mindestens für immer. Und über den Tod hinaus. Ja, auch im nächsten Leben. Und ich hab mir gedacht, wenn ich bei meiner Reinkarnation als Ratte zur Welt kommen sollte, dann soll sie meine Rättin sein. Und ich werde ihr ein Rattenhaus bauen, oder auch ein Vögelhaus, falls sie vielleicht in ihrem nächsten Leben als Vogel wiederkommt. **Oder ich als Präsident von Timbuktu, dann wirst du meine First Lady, und es juckt, du!** Durchgerüttelt, durchgeschüttelt, plattgemacht erfuhr ich die Massivgewalt des soeben erstmals erlebten Tiefentriebes von der Firma Ur-Instinkt, was man sonst so Liebe nennt.

Gronau 1959: Da ging ich zur normalen Naffelrealschule und Jule latschte jeden Tag aufs Gymnasium. Das machte damals einen Riesenunterschied, speziell in so 'nem kleinen Kaff. Auf dem Gymnasium haben sie sich immer ziemlich aufgeblasen, so als wären die wohl was besseres, höhere Töchter mit dem Klavierspielgeheimfinger. Und wir waren so mehr von der Proloschiene. Das war der stille Klassenkrampf und ein Cliquengetue, so richtig poppermäßig, wie es das in manchen deutschen Landstrichen ja heute immer noch gibt. Absolut zum Kotzen.

Da standen nun die Gymnasialexperten nach der Schule immer mit ihren Fahrrädern auf der Gronauer Zentralstraße rum, und ich denk: »Ja, die san mit dem Radl da!«

Dran vorbei an diesem »feinen« Verein. Überhaupt war damals in Gronau alles nur mit dem Fahrrad unterwegs. Die Idee hatten sie aus Holland importiert, und die Holländer hatten das nun wieder den Chinesen abgeschaut. Armeen von Drahteselreitern waren unterwegs, Jule also auch mit 'nem Fahrrad dabei. Und ihren Sattel habe ich beneidet. An ihrem Fahrrad wäre ich so gerne die Klingel gewesen, mit hellem Klang ins Grüne. Und dann nehm ich sie ans Händel und führ sie beethövlich über den Bach, leg sie ins Haydn und verbrahmse ihr einen mit Liszt.

Aber soweit waren wir ja noch nicht. Jule war mir immer schon aufgefallen in dieser Horde von rotbäckchenmäßigen zopfgezwirbelten Leihschneewittchen von der Gymnasialanstalt. Mensch, war ich verknallt in sie. Es knallte nur noch. Irgendwie richtig urknallmäßig. Und sie wußte von nichts. Irgendwann dachte ich, **Django, der Tag ist gekommen. Das Spiel heißt Konsequenz.** Du gehst da jetzt einfach hin und läßt das dreifache **Öh** ab.

Ich schrieb mir dann aber vorsichtshalber alles auf und lernte es auswendig: »Verzeihen Sie mir, daß ich mich erkühne, Sie zu ersuchen, mir zu gestatten, Ihnen eine Frage zu stellen, die da wie folgt geht: Ich dich liebhaben, du mich auch, oder, **öh?**« Ich stand da mit gesteigertem Blutdruck, und von ihr kam dann ein eineinhalbfaches »**Öh,** ebenso« zurück, und ich fuhr, beseelt von der Hoffnung auf weitere Entwicklung dieser Begegnung nach Hause, um ihr **Öh** durchzuinterpretieren. Was wollte mir die Indianerin damit sagen? Der Tag war geprägt von süßer Unruhe und aussichtsreichen Fragezeichen. Ich schloß mich hitzig in mein Zimmer ein, drückte mir einen weiteren Pickel aus und beschloß, diese Frau zu Frau Lindenberg zu machen. Eines schönen Tages, so dachte ich, würde ich als weltweiter Superstar meinen in Gold gegossenen Palazzo mit ihr, dieser Botschafterin aus der Zauberwelt der echten Lebenssinngebung, teilen.

Jule war ein paar Takte älter als ich, aber das machte nichts, ich würde sie schon noch einholen. Meistens spielt in diesem

Alter der Altersunterschied eine große Rolle, aber sie dachte offenbar flexibler darüber, nach dem Motto: Schmusefix, das macht doch nix. Ich träumte vor mich hin, und am nächsten Morgen wachte ich vor Entzücken schweißgebadet auf und verließ beidfüßig auftretend in der Gazellenpose mein Bett, hoffend, sie am Nachmittag wiederzusehen. Am Nachmittag machte sie dann aus dem eineinhalbfachen **Öh** das zweifach ausgerufene: **»Nöh«.** Schock! Sie war halt doch noch eine Irrende in der Finsternis, eine Tennisspielerin im Nebel. Von Erleuchtung und Einsicht war sie weit entfernt. Ich kondolierte ihr und spendierte ihr zum Abschluß eine trübe Tasse Trauerbouillon in der Eisdiele.

Dabei gab ich mir große Mühe, daß sie meine Tränen nicht sah, und ich, der junge Django, führte vor, wozu der Absatz an seinem Schuh besonders geeignet ist. Er dreht sich um in Windeseile, und eisenhart geht ein Mann hinfort von ihr, seinen eignen Weg, immer auf sich selber zu, neuen Herausforderungen entgegenstrebend. Schon auf dem Nachhauseweg holte es mich keulen- und bumerangmäßig ein, und ich merkte: »Alter, die Karten in deiner Tasche sind schlecht gemischt. Leiden wirst du, und eine Zeit der Entbehrungen und des Verzichts wirst du als junger Liebeskasper durchmachen müssen.«

Jule blieb lange die große Liebe meines Lebens. Jahre später, nach vielen Liebesgrußansichtskarten, die ich ihr aus Libyen geschickt hatte, traf ich sie wieder in Gronau. An einem krokussprießendmaiglöckchenbimmelndluftlichtdurchfluteten Sonntagsfrühlingsmorgen latschte ich um 10 in die Kneipe, zog mir zwei Biere rein, um mich über meine Mutschwelle rüberzuschießen, schwang mich auf mein neugeklautes China-Velo und fuhr geradewegs auf sie zu, gewissermaßen runderneuert, in ihr Leben rein. Sie empfängt mich mit: »Da bist du ja wieder!« Ich sag': »don't get me wrong, ich verpiß mich nie wieder, nun bin ich hier, und nun bleib ich da, für immerdar, halleluja, du und ich!«

Und sie lud mich zum Baden ein ins Freibad. Unter der Badedecke, nach all dem »Maybe? Baby?!«, und man wüßte mal wieder nicht so ganz genau, kamen wir uns zum ersten Mal dann etwas näher. Große Knutschflecken am Unterarm, großes Gelutsche hinterm Ohr, um zu checken, hat die denn Sensoren hinter den Ohren? Insgesamt schon ein echt berauschender Flirt. Ich stand total in Flammen und mußte immer wieder ins kalte Wasser springen, um mein Feuer zu löschen.

*F*rau Lindenberg ist sie leider nicht geworden, oder vielleicht auch Gott sei Dank nicht. Ich mußte ja sowieso erstmal richtig die Welt kennenlernen und das Hörnchen abstoßen. Irgendwie hing die Romanze dann doch ziemlich schief, und ich merkte, ich mußte meine Zukunft erst 'mal unter Kontrolle bringen mit der festen Absicht als Musiker viel Kohle zu machen, reich und ein großer Star zu werden. Das steckte einfach doch zu tief in meinem Hirn. Jule wollte das nicht glauben und meinte, ich müßte ja wohl beknackst sein, mein Leben als Musiker zu fristen. Später machte sie dann auf ordentliche Fliege, Pädagogische Hochschule in Münster, und wurde gefrustete Lehrerin. Ich war ihr einfach zu flippig, zu proletisch und unsolide. Sie war eine von denen, die ihre Zukunft bei der Bausparkasse in Wuppertal-Elberfeld durchregeln lassen, rentenmäßig bereits voll einprogrammiert bei der Erbarmer Ersatzkasse.

Und wieder stand ich da im Regen, Tränen im Gesicht. Doch die Tränen, man sah sie nicht. Wochen später kam nochmal ein Flashback: Das Grande Finale in Münster, in ihrer Studentenbude. Ich setze zum Farewell-Kusse an, sie macht die Lippen hart wie Stein und sagt mir gnadenlos: »Paß mal auf, Udo, da unten is 'ne Bushaltestelle. Von dort fährt der Bus ab, und in den setzt du dich jetzt rein und fährst ganz weit weg und kommst nie wieder.« Ich liebte sie sehr, dennoch ich hatte verloren. Und wieder saß Django heulend auf dem Damenklo der Bahnhofsmission und verstand die Welt nicht mehr. Sie sollte für mich ein unerreichbarer Stern bleiben, und ich, der ich nach den Sternen greifen wollte, stellte fest: Mein Arm war noch zu kurz. Heute ist mein Arm sehr lang geworden, und heute würde ich sie nicht mehr heiraten und danke ihr nachträglich, daß sie mich nicht gelassen hat.

Möglicherweise wäre ich sonst heute der Dr. Obertrostlos, das eigene Loch im Lindenbergkäse, absitzend im Reihenhaus, TV an, »Mutter, pack die Nüsse aus!« Gute Nacht Charly, das Ende der Kletterstange längst erreicht! Schlaff und unvergnügt, bis der Arsch im Sarge liegt. Amen.

Jule war so'n russisch herber Typ, slawisch hochgehievte Backenknochen und sportbetont. Hundert Meter in 23 Sekunden. Sie hatte tiefe blaue Augen, gleich zwei davon. Später habe ich noch einmal wieder von ihr gehört, als ich nämlich einen Song für sie geschrieben habe, den Radio Song (Nostalgie, naja):

Nun hab ich dieses Lied gemacht und diesen Text geschrieben und ich hab dabei an dich gedacht, das war letzte Nacht ... Und heute morgen rief ich dann ein paar Freunde an und wir trafen uns im Studio.

Ich hab die Harmonien noch mal in Feinschrift aufgeschrieben und dann gab es noch Probleme mit dem Schlagzeugsound. Doch dann war alles klar. Wir waren soweit und Thomas von der Technik war ebenfalls bereit.
Er gab uns ein Zeichen, die Maschine lief schon, die Band spielte los und ich stand am Mikrophon. Und ich sang so schön ich konnte, für dich!
Ich ging mit dem Tonband in der Hand zu meiner Plattenfirma, doch die sagten: Leider geht das nicht. So ein Song verkauft sich nicht. Es war sehr schwer, doch irgendwie hab' ich den Leuten klargemacht, daß dieses Lied sehr wichtig ist.
Erst haben sie mich ausgelacht, doch dann sagten sie:
O. K., das Ding wird rausgebracht! Und nun hoff ich so, du hörst dieses Lied mal im Radio oder bei Freunden, in 'ner Diskothek oder irgendwo.
Ich weiß nicht wo du wohnst, ich weiß nicht, was du machst und ob du nicht vielleicht über diese Platte lachst. Oder hörst du dir vielleicht nur noch Schlager an? Und ich hab das alles ganz umsonst getan. Ich hoffe so, du hörst dieses Lied mal im Radio. Wie soll ich dich denn sonst erreichen, ich wußte nicht wie. Bitte ruf mich an.
Die Nummer kriegst Du von meiner Plattencompany.

Nachdem Jule den Song im Radio gehört hatte, rief sie mich an. Ich sagte: »Jule, ich dank dir trotzdem, war wunderschön. Wichtige Erfahrung und so, aber nun schalten wir auf den anderen Sender«.

*M*ein zweiter großer Liebesflash war auch eine Lehrerin. Anscheinend habe ich es so mit den Lehrerinnen und den Krankenschwestern, die liegen mir irgendwie am besten. Diese Frau hieß Moja, und ich habe sie bei der Maloche kennengelernt. Ich hab in einem Tanzcafe getrommelt, und plötzlich sitzt sie da. Unverbindlich an Tisch sieben und guckt mich an mit ihren Messeraugen, und der Stich sitzt tief...

Ich geh' dahin, geb ihr 'n doppelten Eierlikör aus, und der Typ, mit dem sie gekommen ist, wird erstmal wieder nach Hause geschickt. Ist aber nicht gegangen, der blieb einfach da. Alle peinlich berührt.

Als ich einen Tag später beim Jazzkonzert in der Unimensa Schlagzeug spielte, kam sie auf einmal angerauscht. Wir spielten gerade eine Ballade, und da stand sie. Ich vergaß fast weiterzutrommeln und warf ihr das sizilianische Auge zu, von der Firma: Direkt ins Herz! Da sagte sie dann: »Nichts mehr gegessen, auch nicht mehr geschlafen«, nun wär' sie völlig durcheinander. Ich sag: »Ganz cool bleiben, schönes Kind. Ich kauf dir erstmal 'ne ordentliche Frikadelle.« Ich sag: »Ich hab ja auch nicht gepennt letzte Nacht, konnte auch nix essen, und nun wird alles wieder gut!« Wir waren eineinhalb Jahre zusammen.

Ich war 19 und Moja 21. Wir haben unseren Eltern dann erzählt, daß wir zusammenziehen und heiraten wollten. Mojas Mutter hatte anfangs ziemliche Bedenken, weil ich als Berufs-Chaot arbeitete. Und sie als siebenmal chemisch durchgereinigte Lehrerstudentin mit der großen Zukunft, ob das wohl gutgehen würde? Auch hier wieder dieses Sicherheitsgerät.

Mojas Familie war gerade frisch aus Polen angerattert, flüchtlingsmäßig, Lager Friedland und so, und nun sollte doch alles endlich mal richtig in Ordnung kommen. Ich war zwar nicht gerade der Wunschschwiegersohn, aber man dachte, das kommt dann schon. Das erste und einzige Mal, daß ich in meinem Leben ernsthaft Verlobungsringe gekauft hab. Richtig teuer, mit Großgravour. Dann, während eines Spazierganges um den Aa-See in Münster rum, unter den langen klebrigen Blättern eines Lindenbaums, sprach ich: »Also, es weihnachtet sehr«.

Für diesen Anlaß hatte ich sogar ein Gedicht geschrieben und einen Song komponiert. Als ich ihr das vorgetragen hab, haben wir uns mit dem Messer den großen Blutefinger geritzt und nach alter Indianersitte das Blut getauscht und uns geschworen: Für immer, und so, bis daß uns keiner mehr schneidet.

Sie war ganz geplättet, schmiß sich auf die Wiese und weinte vor Glück. Es war unschlagbar schön, und zurückblickend sage ich heute, »ich bereue nichts«, es war wunderbar. Leider aber auch nur eine, wenn auch ganz bemerkenswerte, Station auf meinem Weg durch den Dschungel der Gefühle.

Ich merkte bald, daß ich für so 'ne Ehegeschichte noch nicht ready oder gar nicht geschaffen war. Deshalb traf es sich irgendwie so schmerzlich wie gut, daß sie dann irgendwann in eine andere Stadt zog und ich zum Bund mußte, und außerdem hatte ich mir ja noch so viel vorgenommen: zum Amazonas fahren und reichlich globale Abenteuer. Nachdem die Affäre zwischen meiner süßen Moja und mir zu Ende war, trauerten wir wochenlang beide ab und wollten uns hinter den nächsten Zug schmeißen.

Für mich gab es dann lange Zeit überhaupt keine feste Liebe mehr. Ein bißchen Kundendienst, nur das Allernötigste, bis es mich dann noch einmal ganz heftig erwischte. Die hieß Kati und war damals sechzehn Jahre alt. Wir haben fast zweieinhalb Jahre zusammen gelebt, jedoch war diese Beziehung besonders krisenbetont – die Eifersucht! Ich gebe zu, ich bin ein ziemlicher Spinnkopf, und als Ursizilianer sehr labil, was Eifersuchtsge-

MIT
HERMINE
UND
MARVIN

schichten betrifft. Daß aus Kati und mir nichts wurde, war meine Schuld. Ja, die Ei-Sucht hat mich schon viele schlaflose Tage gekostet, ganz zu schweigen von den unzähligen panischen Nächten, mit der Machete in der Tasche. Ziemlich beknackst das Ganze, aber das ist nun mal leider so. Ich liebe die Mädchen, von denen hier gerade die Rede war, in gewisser Weise immer noch. Deshalb mag ich auch meine Ex-Loverinnen nicht in die Pfanne zu hauen.

Naja, das Leben hat es meistens so an sich weiterzugehen. Ich war auf langer Wanderschaft. Reisen nach außen, Reisen nach innen. Die Reisen nach innen sind auch sehr wichtig. Der künftige Popstar muß sich selber gründlich ausloten. Empfehlenswert sind stundenlange nächtliche Spaziergänge und die gnadenlose Begegnung mit sich selber, nach dem Motto: **»Let's go indisch, auch auf die Gefahr hin, daß du niemandem begegnest.«** Ich hingegen begegnete mir vorteilhafterweise des öfteren. Ich sah mich ständig in meinem eigenen Rückspiegel. Der junge Analytiker im Selbstverfahren. Die Leiden des jungen L. Es waren auch ein paar ziemlich harte Zeiten dabei.

No money, no honey. Und immer noch mal das Markstück durchwenden und überlegen, sitzt denn da jetzt noch ein Bierchen drin. Im Supermarkt gab's das billiger, und dann ab mit der Flasche in der Tasche. Und dann wieder los, nachts.

Für mich war das gut und richtig und wichtig, find ich heute. Denn so 'n Popstar muß sich selber ziemlich genau kennen und auch all seine seine kostbaren Neurosen. Mit seinen Macken soll er sich anfreunden, sie pflegen und auf die Spitze treiben. Seine Ecken darf er nicht abpolieren, sondern er muß sie lieben lernen. Irgendwann nimmt er sich dann selber an die Hand und stellt sich auf die Bühne: »We proudly present the one and only, den oft kopierten nie erreichten, diese wundersam beknackste Nachtigall, die in den harten Phasen der Selbstfindung oft himmelwärts schaut und wartet auf die Wolkenteilung, ja und es teilen sich die Wolken, und der große Knutschemund des Wahnsinns senkt sich herab auf den jungen Demian.« Zu der Zeit las ich viel Hermann Hesse, »Siddharta«, »Das Glasperlenspiel«, und Hesse war mir ein großer Lehrer. Hermann hätte ich auch gerne mal persönlich kennengelernt. Leider sollte es dazu nicht mehr kommen. Aber die Verbindung zwischen diesem großen Meister und mir, dem Zauberlehrling, wird ewig bleiben.

Merkblatt 3:
Wann kommt der Popstar – karrieremäßig gesehen – endgültig zur Sache?

Klarer Fall: wenn er so um die zwanzig ist! Trau keinem über zwanzig, trau keinem unter zwanzig. Vertraue auch nicht auf irgend ein Glück. Vertraue nur Dir selbst.

Der Popstar weiß, daß all das Rumgedudel und Gehudel, das Gedödel und Geblödel, Geflutsche und Gerutsche wichtig war für den Legierungsprozeß seiner Stahlseele. Das eine Auge ist aus Eisen, das andere Auge aus Honig. Eisenhonigäugig schielt er jetzt nach Los Angeles, zu den Starfabriken, dorthin wo großindustriell und ohne Blick zurück die Popgötter manufakturiert werden. Mit seinem Leih-Cadillac macht er noch einen kleinen Umweg über Las Vegas, und da fragt er dann verträumt bei der Mafia nach dem richtigen Schlüssel für die richtige Suite in Hollywood.

Er führt sich ein, in vielfältiger Hinsicht. Er steht ganz cool am Swimmingpool, und in den Villen imponiert er durch seinen festen Willen. Wichtig bleibt für den Popstar immer, daß er morgens 'ne ordentliche Ladung Alka-Sülzer zu sich nimmt und die Hollywood-Society-Snobs richtig einsülzt. Vor dem »Grauman's Chinese Theatre« am Hollywood Boulevard gibt er schon mal vorsichtshalber einen Probedruck von seinem Fuß ab

Merkblatt 3

(vorher den Fuß bitte mit Anti-Fußpilzol einsalben). Durch gezielte Indiskretion läßt er in den Studios die Kunde verbreiten, daß »er« in town ist. Vor dem Beverly Hills Hotel zieht er einer Nutte erstmal die American-Schreck-Karte aus der Tasche (God Bless the American Excess) und finanziert sich so seine dekorativen Modelle. Schöne rasante, vampmäßige Frauen für repräsentative Zwecke sind, das weiß der Popstar, von großer Wichtigkeit. Eine echte rehäugige Miss Lichtenstein kann hier von großem Vorteil sein.

Unbeirrbar geht er direkt in die feinste Chic-Boutique am Melrouse Boulevard und kauft sich da das blendaxweiße Dinnerjacket, mit der langen bundfaltigen Schlapperhose von Armani. Hier dürfen keine Kosten gescheut werden. Keinesfalls darf einer merken, daß der Popstar eigentlich aus der Mülltonne kommt. Er muß jetzt erstmal vorübergehend als getarnter konterrevolutionärer Klassenkampfverräter die Düsedeodorant-Society von Hollywood gründlich vorführen. Natürlich bestellt er sich auch sofort einen Dauertisch im teuersten Austernrestaurant, z. B. bei »Frank Rousso«.

Das gesundheitstechnische Abonnement sichert er sich im Beverly Hills Health Club, dort läßt er sich einige Stunden täglich unter der Bräunungsapparatur anschrauben, denn ohne den erfolgreichen Teint glaubt in Hollywood sowieso keiner an nichts mehr. Den Magermuskel stählt er sich in einem anderen Spezial-Studio in Venice Beach, bei der Bodybuildingschwester von Arnold Schwarzenrunkel. Und die hat nun genau das richtige Ticket für Johnny Carson in der Tasche, dem großen wichtigen Talkshowmaster von Amerika, weil, ein charmanter Zufall fügte es so, daß derselbe auch immer morgens um halb neun bei der selben Dame auf dem Tresen liegt und richtig durchgestyled wird, und dafür läßt er dann immer ein Ticket liegen.

Merkblatt 3

Genau dieses Ticket greift sich der Popstar und findet sich freitags um halb elf zur besten Sendezeit bei Mr. Carson wieder. Vor 70 Millionen Fernsehzuschauern, die er durchs Kabelnetz bis ins letzte Nest von Singapur erreicht, läßt er jetzt ein paar Sprüche ab, die die Welt aufs schwerste beunruhigen.

Er spricht: »*Nichts wird je wieder so sein, wie's vorher war. Ihr könnt alles vergessen, was ihr einst habt besessen. Amigo-Cha-Cha-Cha!*« Und: »**Ich sah die Zukunft des Rock'n Roll.**«

Er spricht zu den Ein- zu den Zwei- und den Dreiheimischen der Welt, daß Johannes Paul II, der eilige Vater mit dem eiligen Stuhl an der Erntetankstelle soeben wieder statt mit 'ner Scheckkarte mit 'nem Heiligenschein bezahlt hat und »God had shaved the Queen again« und mit Bush wär' auch was ganz Faules im Busch.

Der Popstar muß sich natürlich am aktuellen Zeitgeschehen soweit orientieren, daß seine Schandale aktualtechnisch voll auf 'm Zeiger sitzen. Dann werden die Schwarzkopien von diesem, seinem ersten atemnehmendem TV-Auftritt zu Höchstpreisen im meinungs- und trendbildenden Underground durchgehandelt. Den Rest macht dann die Plattenfirma. So einfach ist das alles!

Bei mir war's natürlich genauso, nur wieder etwas anders.

Merkblatt 3

Als ich das erste Mal nach Hamburg kam, war gerade große Hippie-Zeit. Das war am Freitag, den 13. Dezember 1968. Ich ging durch die Mönckebergstraße und trug einen großen Schlabbermantel. Darauf hatte ich mit dem Filzi geschrieben: Alle Menschen werden Brüder – auch ich bin dein Freund, sprich mich an. Mich beseelte der Gedanke, daß alle Menschen weltweit friedensbetont zueinander finden.

Die Leute haben zum Teil völlig verstört reagiert: Vielen erschienen diese Love & Peace-Ansätze als ganz weggeknickste Utopie. Naja, ich hab halt gedacht, Utopien sind zum Vorverlegen da. Ich hatte, und da war ich natürlich nicht der einzige, damals so Visionen von Menschenketten rund um den Globus rum. Hand in Hand für den Weltfrieden. Studentenrevolte. Über den Rand schreiben, über den Rand denken, living theatre – Straßentheater, Joseph Beuys, die Freie Universität. Viel Aufbruch. Rasend interessante Zeiten.

Und in der Musik? Die Kids von heute können einem fast leid tun bei der ganzen Sülze, die sie heute vorgedetscht kriegen, anders als damals, in den späten Sechzigern: Jimi Hendrix, Rolling Stones, Beatles, Joan Baez, Bob Dylan, Jefferson Airplane, The Who, Ten Years After, Led Zeppelin... und so viele andere revoluzzermäßige Pioniere in Sachen Rockmusik und Neudenken.

Ich bin nach Hamburg getrampt mit der festen Absicht, nun richtig abzuheben, die Welt zu erobern, endlich mal konsequent zur Sache kommen. Rainer Rubink von »Brunos Salonband« hatte mir in Münster mal gesagt: »Alter, wenn du mal nach Hamburg kommst, ruf mich an. Ich besorg dir 'ne Matratze.« Ich, der junge Tramper, hab ihn auch gleich von der Autobahn aus angerufen. Irgendein Freund hatte noch so 'n Bumszimmer frei, so 'ne Zweitbleibe für die schnelle Tat. Da bin ich dann auch eingezogen und habe drei Wochen dort gewohnt. Stormsweg, Hamburg. Das Zimmer war ein Zwergenzimmer, paßte nur ein Bett rein und eine Zahnbürste.

Durch Rainer lernte ich die Dixieland-Jazzclique von Hamburg kennen: Chris Hermann und all die anderen Vögel. Die haben mir die ersten Trommeljobs beschafft, so nebenbei, für dreißig Mark und 'n Freibier. Aber ich suchte was Großes, Profimäßiges. Bin auf der Reeperbahn rumgelatscht und hab überall gefragt, ob denn keiner einen Drummer braucht, der zum Strip den erotischen Wirbel schlägt. Eine besonders geniale Idee kam mir alternativ. Ich wollte mir zwei GoGo-Girls besorgen, die zu meinem Show-Schlagzeug tanzten, und mit dieser Floorshow die Discos erobern. Damals hatte ich richtig Schlagzeugakrobatik drauf, Handstand und so. Hab' aber keine angemessenen Mädchen gefunden, und dann fand ich es plötzlich doch ziemlich idiotisch und vergaß es wieder.

Mit dem ersten großen Job sollte das noch ein bißchen dauern. Bin öfter mal in den Hafen gegangen, und da spürte ich dann wieder großes Fernweh. War Hamburg vielleicht doch nicht die richtige Stadt? Sollte es doch gleich Rio de Janeiro oder Sidney sein. Vielleicht nun doch erst mal als Seemann oder als Möwendompteur?

Mit dem Hafen, dem Meer und den Matrosen hab ich irgendwas im Blut. Richtig erklären kann ich meine Liebe zur Seefahrt nicht. Die Liebe der Matrosen, Kapitäne, Steuermänner und Anheizer.

Der erste Sailor, dem ich begegnet bin, war der besagte Herm Eiling aus Gronau. Er zischte als junger Mann schiffsstewartmäßig durch die Welt. Immer wenn er von einer Reise zurückkam, hatte er die Tasche voller Dollars und das Herz beladen mit grandiosen Erlebnissen. Kuba-Zigarren und Klabautermann.

Jetzt dachte ich wieder an Herm, und es schoß mir durch den Kopf: Vielleicht doch Seemann? Die Seefahrt hat bei mir immer eine große Rolle gespielt, deswegen handeln natürlich auch viele meiner Songs von der See, dem Meer und dem Brausewind. Meine erste richtige LP heißt nicht umsonst: »Daumen im Wind« mit so Songs drauf wie »Hoch im Norden« und »Meer der Träume«. Und heute würde ich mich als Rocker auf ewiger Seefahrt bezeichnen, denn durch meine Musik kompensiere ich vieles von dem, was an Seefahrerträumen in mir lebt. Songs wie: »Reeperbahn«, »Jamaika«, »Alles klar auf der Andrea Doria«, »Odyssee«, »Ich sitz den ganzen Tag an den Docks«, »Nichts haut einen Seemann um«, »Bremerhaven«, »Der Lindische Ozean«, »Ich träume oft davon, ein Seegelboot zu klauen«, »Salty Dog« und viele andere.

Wie könnte ich meine Verbundenheit mit der See, dem Meer, den Experten auf den Halligen und den Lustigvögeln auf den Inseln hinter dem Winde besser ausdrücken, als in meiner Musik.

»The River« I found my home by the river,
this is a real home to me.
The river is my friend and teacher, makes me understand
and see.
I used to sit on the banks of the river
and watch the waters drifting by.
With as quiet song the river flows along.
I can hear it laugh and cry.
Now that I've learned the art of listening,
I hear the river talk to me.
A thousand voices in the whispering water.
Now that I've learned the art of watching,

a thousand pictures I can see.
So many faces in the quiet moving river.
Faces of people and some of them I've known.
I hear the voices of a friend and my long lost wife.
I hear the moans of dying
and the laughter of life.
I hear the call of longing – the cry of pain
tender words of a loving woman –
and the curse of a man
I see my good old father – I meet my warm caring mother
and all the pictures and all the voices flow into each other.
Isn't life like the water
spring, brook and waterfall
proud and mighty currents
kissed by the warm shining sun.
But there are also other days,
when icy cold streams and frantic rapids
push through dark narrow channels.
I see the setting sun reflected in the dancing waves
so sure of coming back again
I see the water rising up to the clouds
and returning with the rain.
But whatever happens – the river flows on
and nothing can stop its course
until the distant goal is reached
all the pictures, sounds and voices
the whole wide world is in the current
the river of life is bound to reach the deep ocean
the ocean of Nirvana.

Inspired by Siddharta (H.Hesse)

»Salty Dog«
Der letzte Kampf
wir gaben alles
der Sturm hat unser Schiff besiegt
und wir verlassen
unsere alte Geliebte
die im Sterben liegt.

Wir sahen alle
sieben Meere
kein Land war uns zu weit
kommt hoch an Deck

geht in die Boote
es bleibt nicht mehr viel Zeit.

Wie viel Jahre
und wie viele Meilen
wir haben die Ufer am Ende der Welt gesehen
weißer Strand
Meer wie Kristall
Inseln, die auf keiner Karte stehen.
Hinter dem letzten Horizont
und nach der dritten Flasche Rum
schickten wir 'ne Flaschenpost in Richtung Ewigkeit
und wir vergaßen
die Könige und die Sklaven
diese Welt voller Traurigkeit.

Das Schiff versinkt
es brennt der Mast
wir rudern an den Strand
der Käpt'n schweigt
und weinende Matrosen
ziehen das Boot an Land.

Das ist lange her
und ich seh euch an
ihr denkt: Seemansgarn – der Alte spinnt
gibt mir noch 'n Salty Dog
und ich sauf auf die alten Jungs
die mit mir gefahren sind.

(gewidmet meinem Freund, dem Original-Englisch-Autor: Keith Reid.)

*H*ans Albers war eins meiner größten Vorbilder. Ein schauspielender Sänger oder seemännischer Schauspieler? Das war oft die Frage. Wie ich hörte, konnte Hans Albers sich bei seinen Auftritten nie die Texte merken, und beim Filmen mußte man ihm immer die ganz großen Texttafeln hochhängen, weil er alles vergaß. Hans guckte nach oben und kriegte deshalb das berühmte, gutbesoffene Sahneauge, diesen unkopierbaren Geilblick, und die Damen fielen tausendfach in Ohnmacht. Hans Albers war ein echter Breitwantologe. So konnte kein »normaler« Mensch schauen. Das hat mich schon schwer beeindruckt. Irgendwie war der auch nicht so ganz von dieser Welt. Das ewige Heimweh nach St. Pauli. Er und die Reeperbahn in Hamburg.

»Reeperbahn«

Reeperbahn, wo früher mal der große Star Club war
und das Top Ten mit all den wirklich starken Bands.
Jeden Abend war ich da und war einer der ersten Beatles-Fans.
Nach der Show ging ich mit Ringo zu den Damen.
Sie trugen Negligees und kauften uns Pommes Frittes.
Und Ringo brachte manchen losen Witz aus Liverpool
— very cool.
Reeperbahn, wenn ich dich heut' so anseh.
Kulisse für'n Film, der nicht mehr läuft.
Ich sag Dir, das tut weh.
Und dann die Jungs aus Buxtehude und aus Lüneburg,
die machten Freitagnacht bis Sonntagmorgen durch.
Sie schluckten jede Menge Schnaps und Trips
für ihre Flips von der wilden Welt.
Reeperbahn, wenn ich Dich heut so anseh.
Die Abende sind teuer, doch es gibt kein Abenteuer.
An jeder Ecke roch's nach Hafen und nach Rock'n Roll.
Bei jedem Trödler gab's für hundertzwanzig Mark
die Originalgitarre von Cliff Richard – das war stark.
Und jeder Musiker erzählte seinem Groupie:
Du wirst es sehen, ich werd ein weltberühmter Star.
Doch heute legt er in 'ner Disco Platten auf,
und sie macht Striptease in einer Nepper-Bar.

Ja, Hamburg-St. Pauli, da gab's so Punkte für Orientierung und Sehnsucht. In diesen Nepper-Bars bin ich auch gelegentlich reichlich durchgeneppt worden. Das Lockbier gratis und dann den Rest im Quadrat.

Ich hab damals viel in Hamburger Kneipen rumgesessen und immer irgendwelche Textideen auf Bierdeckel geschrieben, oder in die Kaddeldaddeldu-Kladde rein, so wie andere 'n Tagebuch schreiben oder ein Seemann sein Logbuch, oder Nick Knatterton seinen Recherchenbericht. Mit dem einen Auge auf die Bommerlunderflasche, mit dem anderen dann aber doch immer wieder über die Elbe, den hinausfahrenden Schiffen hinterher. Irgendwann im Brausebrand, da wurd mir klar, daß es überhaupt keine richtigen deutschen Texte gab. Alles nur Schlagerkotz und Dünnsinn. Ich dachte, das müßte geändert werden. Da muß ich dann plötzlich wohl irgendwie den norddeutschen Nerv getroffen haben und hatte meinen ersten Hit: Die norddeutschen Radiodauerbrenner spielten den Song »Hoch im Norden« bis zum Abwinken.

Plötzlich hatte der kleine Chaot Udo einen Number-One-Hit, und mit großem Wohlwollen registrierte ich, daß ich Heino und sonstige Schlageraffen auf letzte Plätze in den Hitparaden zurückverwiesen hatte.

»Hoch im Norden«
Hoch im Norden
Hinter den Deichen
bin ich geboren
immer nur Wasser
ganz viele Fische.
Mövengeschrei und Meeresrauschen
in meinen Ohren
und mein Vater war Schipper
und er fluchte, wenn Sturm war
denn dann konnt' er nicht raus auf See
und dann ging er zu Herrn Hansen
der der Chef vom Leuchtturm war
und der sagte: Keine Panik auf der Titanic
jetzt trinken wir erst mal einen Rum mit Tee!

Und ich verbrachte meine Tage im Nordseedünenstrand
bin jahrelang tagtäglich am Deich entlanggerannt
und Mutter brachte jeden Tag
und freitags ganz besonders
Muschelzeug und Fisch
auf den Tisch.

Ja, es war ja auch ganz schön
und das *Klima* war gesund
und doch, hab ich mir gedacht
hier wirst du auf die Dauer
nur *Schipper* oder *Bauer*
hier kommst du ganz allmählich
auf den Seehund
und als ich so um sechzehn war
da hatte ich genug
da nahm ich den nächstbesten
nach Süden fahrenden Zug.
Und nun sitz ich hier im Süden
und so toll ist es hier auch nicht
und eine viel zu heiße Sonne
knallt mir ins Gesicht.
Nein, das Gelbe ist es auch nicht
und ich muß so schrecklich schwitzen
ach, wie gern würd ich mal wieder
auf einer Nordseedüne sitzen ...

*M*ittlerweile war ich auch als Schlagzeuger ganz gut weitergekommen. Alles lief überaus vorteilhaft: Der Hitschreiber aus Versehen und der Profidrummer in Personalunion.

Viele Stationen: Die erste große Band, mit der ich in Hamburg gearbeitet hatte, waren die »City Preachers«, 'ne Folklore und Jazzformation. Damals schon mit Inga Rumpf am ersten Mikrophon. Wenig später die Bands von Michael Naura, Knut Kiesewetter und »Frumpy«. Immer, wenn ich einen Tag freihatte, spielte ich im »Jazz House«, Hamburg, Brandstwiete, und begleitete amerikanische und sonstige Jazz-Superstars: Dexter Gordon, Jimmy Smith, Brother Jack McDuff, Benny Bailey, Friedrich Gulda, Attila Zoller. Ich war ein echter Jazzmaniac, und ständig flog mir vor lauter Leidenschaft das Blech weg.

Eines Abends kam der damals berühmteste deutsche Jazzer Klaus Doldinger in den Laden rein, hörte mich trommeln und geriet ins Schwärmen. Und schon ein paar Tage später war ich auf dem Weg nach München, wo Klaus nämlich gerade eine neue Band zusammenstellte: »Passport«.

Ich wurde Ballermeister der Band und wohnte oben im »Domicile« als zukunftsbetonte Trommelratte. Ich nahm das mittlerweile extrem ernst mit meinem Beruf. Ich hatte sogar aus genetischtechnisch-förderlichen und Gesundheitspopstargründen die Sauferei aufgegeben und war auf Tee und Tranquillizer umgestiegen.

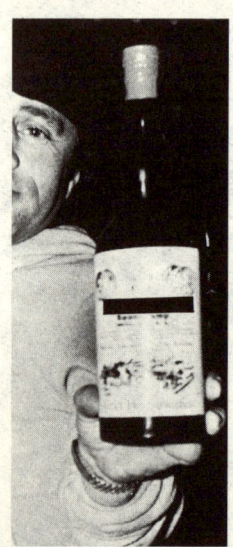

Zehn Jahre Kampftrinken hatten mir gereicht. Nun machte ich einen auf esoterische Sorte. Blätterte meine Tarrot-Karten durch und fragte mich, wann ich wieder anfangen müsse mit der Sauferei. Jetzt war ich erstmal auf Pendelschlagen und Hirsekörnerknabbern makro-idiotisch eingestellt. Ja, ich wurde der König von Makrobiotien. Ab und zu wohnte ich auch bei meinem Bruder Erich, der in München am Wienerplatz seine Dachmansarde eingerichtet hatte, und der war auch auf dem Gesundheitstrip, und gemeinsam nahmen wir so manches Täßchen Johanniskraut-Tee zu uns. Zu der Zeit schraubte ich mich öfter auf das Meditationsbrett an und versenkte mich in meine Untiefen, und die Bilder des kindlichen Trunkenbolds in Afrika erschienen mir in erschreckender Weise phantomhaft vor Augen.

 Als Frühberufstrinker hatte ich das Saufen ja angefangen wie ein Raubtier. Oft, zugegebenermaßen, auch so ziemlich ohne Kopf, den ich meist an der Garderobe abgab. Udo Ratlos, Riskante Spiele, Lady Whisky, die falsche Geliebte. Dennoch, man hat es überlebt. Ich hatte in jungen Jahren eben zu viele Gehirnzellen, deshalb mußte ich mir die überschüssigen wegtrinken, denn ein ordentlicher Popstar darf auch wiederum nicht zu intellektuell sein. Und so zählte ich meine Zellen durch und fand, »jetzt ist alles richtig«, und hob mit einem entspannten »Prösterchen« meinen Hirseblütentee hoch und grüßte die gesamte Leidenssolidargemeinschaft, die versunken war im verträumten Harfenklang des New Age Pioniers Vollenweider, und meditierte noch eine Runde darüber nach, ob ich nicht doch lieber als Klosterfreier nach Kloster Andex gehen sollte, weil es da gerade einen indischen Lehrgang gab für gehobene pflanzenfreundliche Gärtnertätigkeit, und der Guru wäre auch dabei.

Günstigerweise ließ mich die Trommelei nie los. Der harte Job des Schlagmannes. Manchmal war es schon ein bißchen anstrengend, und genaugenommen war ich ja damals auch nicht der Dr. Muskelmann, das Kraftpaket aus der Spinatschüssel, der Bruder von Popeye, aus der Abteilung »Rambo und Söhne«. Nein, ich war streckenweise eher so 'n kleiner Spargeltarzan und kurz vor dem Zusammenbruch. Hirse und Alltag, und dann irgendwann auch noch der Tranquillizerentzug. Joints und Trips im Englischen Garten, das war nichts für mich, und die dicke Bibel von Timothy Leary »Politik der Ekstase« brachte mich auch nicht so richtig weiter. Die Zeit war gekommen, ich mußte mich auf meine ursprüngliche Zielsetzung besinnen.

Der kleine Udo war 'n bißchen schlaff drauf zu jener Zeit, aber auch solche Erfahrungen, so sollte sich später zeigen, sind für den künftigen Popstar von großem Nutzen. Ich befand mich jedenfalls damals im krassen Gegensatz zu den Durchdreherkollegen von der Passport-Band, allen voran ein Mann namens Olaf Kübler, der Erfinder des Terrortrinkens, ein Mann, der soviel trank, daß ihm ständig der Sodbrenner durchbrannte und das dicke Röhrchen natürlich auch immer gleich mit dabei, sozusagen der Doppelcocktail. Der größte Oberanturner, den ich an meinem Wege traf. Olaf war der Tenorsaxofonist in der Passport-Band und wurde für mich so eine Art größerer Bruder und bester Freund. In der Band waren die Jungs alle schon ein paar Tage älter als ich. Richtig gute Musiker. Zum ersten Mal spielte ich in einer ganz konsequenten großen Band, die bereits voll im Business drin war. Klaus Doldinger hatte damals für deutsche Verhältnisse einen absoluten Mega-Deal, dahinter eine internationale Plattenfirma und war auch noch ein Protegee des Plattenfirmendirektors, der ihm alle Produktions- und PR-Mittel

zur Verfügung stellte. Hier war ich in einem Kreis von Musika-
lartisten, die bereits ihren Härtepreis bezahlt hatten und zur
Oberliga der deutschen Jazz-Rock-Elite gehörten.

Neben Olaf Kübler, dem Saxofonisten, war mein Vorgänger in
dieser Passport Band Klaus Weiß am Schlagzeug, Paul Vincent
spielte Gitarre, Jimmy Jackson Keyboards, Lothar Meid Bass und
Andy Marx an der Gitarre, nebst Klaus Doldinger, der sich als
freischwebender Solo-Solist den Rücken auf der Bühne freihielt.
Wenn wir von einem Gig zum anderen fuhren, saß ich meistens
auf dem Rücksitz in Doldingers großem Daimler, voll die milde
Fliege und immer ziemlich cool im background. Dabei kriegte ich
alle Gespräche mit, die sich vorwiegend ums Musikbusiness
drehten. Details über Projekte, Insider-Informationen vom Business, Lizenzabrechnungen, Plattenverträge und die Adressen
von Rechtsanwälten und sonstigen Drahtziehern, die für einen
Musiker wichtig waren. Ich hing da ganz entspannt als Langohr
verkleidet im Autofond und sog mir vampirmäßig alle Kenntnisse rein, die ich für meine spätere glorreiche Karriere gebrauchen
würde.

Eine Ratte muß sich total auskennen, wo die Gefahren liegen,
wo der große Bullshit läuft, wo das Rattengift gestreut ist in
dieser Branche. Durch excellente Informiertheit wurde ich bald
immun gegen so vielen Schmutz, der weite Landschaften des
Musikgewerbes kennzeichnet.

Olaf Kübler war damals der Produzent von Amon Düül II und
für mich der echte Undergroundcontrolletti. Die Stories, die im
Auto zwischen Klaus und Olaf abliefen, waren die unbezahlbare
Informationsbreitseite für mich, zumal es immer ganz detailliert

und messerscharf um die Plattenbranche ging. Ein kostenloser Nachhilfeunterricht. Für mich verwandelten sich die böhmischen Dörfer des Geschäfts langsam zu Generalstabskarten meiner künftigen Laufbahn, denn das, was dort ablief, wollte ich in kürzester Zeit ja auch auf meinem Kontrollschirm haben. Dafür bin ich natürlich meinem fotografischen Gedächtnis ganz dankbar, denn alles, was ich so mitgekriegt hab, hing in meinem Hinterhirn fest. Ja, so 'n fotografisches Gedächtnis hat viele Vorteile. Du merkst dir alles ganz genau, und keiner kann dich mehr vorführen. Du delegierst, und wenn andere denken, du hätt'st schon wieder alles vergessen, dann kommst du plötzlich mit dem Joker aus der Tasche und sagst: »Wenn schon der erste April, dann sag ich selber, wann der ist.«

*I*ch stehe auf Perfektion bei der Maloche. Ich habe immer ein ziemlich perfektes Bild von jedem Projekt, das ich durchzieh. Damals habe ich auch gelernt, den Jive zu durchschauen. Telefonattentätertum, die Anwälte – die Rechtsverdreher, Lug & Betrug Records und die ganzen Dirty Tricky Fingers. Leider muß ich heute sagen, ich habe früh gelernt: Es gibt Fälle, da reicht Genialität nicht aus, da reicht es nicht, begnadeter Künstler zu sein. Man muß sehr clever sein in diesem Geschäft und seine Interessen in hasenschlauer Weise durchsetzen, obwohl alles seine Grenzen hat. Selbst meine Oberausbilder aus Sizilien (ein mysteriöses Kapitel nebenbei, über das ich in diesem Buch, und ich setze das freundliche Verständnis des Lesers voraus, nichts berichten kann) bemühen sich um Haltung, Fassung und Würde in den Untiefen dieses unsäglichen Geschäfts. Okay, ich selbst habe nie von der Schußwaffe Gebrauch gemacht, denn wenn wir wirklich mal so weit wären im Musikbusiness, dann würd' ich doch lieber auf Gärtner machen. Obwohl ich doch meistens den dunklen Fummel trage, liegt um meine Seele eine blütenweiße

Weste drumrum. Anderswohl als bei so manchen, die ich an meinem Wege traf, die 'ne weiße Weste tragen und darunter verdächtig dunkle Farben.

Und immer weiter ging es mit meinen deutschen Texten, obwohl, schwer war es schon. Weil, deutsch und Rockmusik, das galt damals als sowas wie Feuer und Wasser. Aber im tiefsten Inneren wußte ich, daß es gehen würde. Ich hatte mit englischer Texterei auch einige Erfahrungen gemacht, aber ich merkte, keiner fuhr so richtig drauf ab. Auch ich nicht. Mein Englisch war halt nicht gut genug, und ich hab mir gedacht, wenn ich die klaren Sachen rüberbringen will, dann muß ich das in der Sprache tun, die jeder genau eisenhart versteht und muß den konsequenten großen Koffer bauen.

Zur Information muß man wissen, daß Anfang der Siebziger der ganze »Krautrock«, der von Amon Düül II, Tangerine Dream, Inga Rumpf und Kraftwerk, vorwiegend in englischer Sprache ablief, denn der Wunsch aller hiesigen Gruppen war, über den Großen Teich ins Ausland zu kommen. Ich hab dann ja auch mal eine englischsprachige Produktion gemacht: »Lindenberg«.

Aber große Resonanz bei den Medien und beim Publikum fand die nicht. Irgendwie merkte ich, die Massen sind jetzt reif für richtig gute witzige authentische deutsche Texte. Straßensprache und so. Die eigene Sprache mußte wiedergefunden werden. Sie war nach dem Nazi-Schock für viele, viele Jahre verlorengegangen. So habe ich den tiefen Teller und den flachen Teller öfter

verwechselt, hin- und hergemischt und das Rührei des Kolumbus gesucht. Daniel Düsentrieb war noch in Nöten. Ich habe in die Tiefe des Weltalls hineingelauscht. Ich habe versucht, mit bloßer Hand den einen oder anderen Genie-Blitz vom Himmel zu grabschen. Habe Schreibmaschinen kaputtgetippt. Der Erfinder kann ein einsamer Mann sein. Der, der gegen den Strom schwimmt, braucht viel Kraft.

Bis zu dem Zeitpunkt hatte ich überwiegend Jazz gespielt. Jede Art von Jazz: Free Jazz, Dixieland, Modern Jazz, die große Wundertüte Jazz. Es wurde mir klar, damit würde bald Schluß sein. Die Revolution in Sachen Deutschrock zu vollbringen, würde meine ganze Kraft in Anspruch nehmen. Ein bißchen Hoffnung, daß die Revolution gelingen könnte, bezog ich von einer Band aus Nürnberg: »Ihre Kinder«. Die versuchten damals nämlich auch schon, mit deutschen Texten weiterzukommen. Aber ohne großen Erfolg.

Irgendwann sprach der »Kinder«-Sänger Jonas Porst zu mir: »Alter, mit Deutsch, das kriegen wir wohl nicht so richtig hin. Ich mach jetzt wieder Englisch!« Also sprach ich zu Jonas: »Merke auf mein Freund, es wird uns gelingen. Der Tag ist nah.« Und dann sollte ich der erste sein, dem es gelang, das Ding so richtig hochzuschieben.

Ich wollte es – ich wollte es – ich wollte es!!!!!!

Ich wollte es für das Ding, ich wollte es für mich, ich wollte es für meine Eltern, die immer noch nicht so ganz überzeugt davon waren, daß ich was richtig Großes hinkriegen würde. Dann wollt' ich mich vor meinen Dirigentenvater stellen und ihm sagen: »Power to the Lindis, dein Filius hat es hingekriegt.« Ja, ich würde mit einem großen Auto und 'nem prallgefüllten Scheck-

buch und 'ner Kiste feinster Havanna-Zigarren, von Davidoff persönlich gerollt, und 'nem Blumenstrauß von der Firma »Extra-
sprieß« und 'ner Pulle 46er Edelcognac in Gronau erscheinen
und meinen Eltern sagen: »Ich dank' Euch für Verständnis und
Geduld, hier kommt der Mann mit dem Lottogewinn, und alles
ist unter Kontrolle.« Viel zu früh, 1971, verstarb mein geliebter
Vater Gustav. Die große Karriere hat er leider nicht mehr mitgekriegt.

Aber die Ahnung davon, daß es mit seinem Junior mal so
richtig abgehen würde, hat er wohl gehabt. Er hat das dann alles
vom himmlischen Logenplatz aus verfolgt und wird es weiterhin
tun. Ich hab immer das Gefühl gehabt, daß er dabeigeblieben
ist und daß seine Power damals in Gronau zwar gebremst, aber
doch radikal angelegt, auf mich als inspirierende und kräftigen-
de Großmaßnahme gewirkt hat. Und diese Verbindung, die so tief
ist, bleibt natürlich für immer, wie auch die Verbindung zu meiner auch schon früh verstorbenen Mutter Hermine. Und somit
sind wir in gewisser Weise sowieso immer mindestens drei, wenn
irgendwo eine Aktivität von mir (uns) erfolgt.

1972 fuhr ich ständig zwischen München und Hamburg hin und
her in meiner alten 2 CV Gurke, 'n bißchen hier und 'n bißchen
da, very flexibel. Ich hatte immer mein Schlagzeug im Auto,
meine drei Hotpants, meinen Reisefön, meine Apotheke mit der
Kurpackung »Relaxolin«, 'n Buch von Hermann Hesse und ein

großes klopfendes Herz voller Vorahnung. Und natürlich meine Kladden- und Bierdeckelsammlung mit Sprüchen und Ideen drauf. Die ersten Fragmente und Skizzen der Werke, die man dann irgendwann mal schreibt, und später heißt es dann: »ER SCHUF!« Und so fuhr ich dann in Höhe der Kassler Berge, mit im Winde wehenden Haaren über die Autobahn, öffnete das Schiebefenster und rief den Göttern zu: »Oh, laßt mich Euer Medium sein, oh, laßt mich den göttlichen Füllfederhalter machen, und ich schreib es dann nieder. Sagt es nicht durch die Blumen, sagt es nicht durch die Bibel, sagt es durch mich!«

Für die Strecke München – Hamburg brauchte ich damals immer so etwa 10 Stunden, mit einer Kurzstation in Göttingen, zwecks Siesta an der Bratwurstbude und Basiskonferenz mit den Truckern. Und ich habe reichlich und hemmungslos rumgesponnen. Ja, Spinnen ist wichtig für den künftigen Popstar. Das nie Gedachte denken, das Unmögliche möglich machen. Die Wunder realisieren . . . Grenzenloses Gespinne ist von großer Bedeutung, denn der künftige Popstar weiß, er muß seinen Weg finden durch das Niemandsland. Im wesentlichen darf sich an nichts orientieren, was es bereits gibt. Er und seine Musik – er und seine Texte, all das muß unverwechselbar sein. Das darf nur so klingen wie **er selbst.** Einzigartig und so nie wieder.

Nicht vergleichbar mit irgendwelchen anderen Stars, und dann nur deren Urlaubsvertretung machen. Immer schön den Kopf durch die Wolken. Und die Füße, das ist allerdings auch sehr wichtig, fest auf dem Boden.

Immer wieder werde ich gefragt: »Wie entsteht denn so 'n richtiger Granatentext?« und ich sag': »Ich hab' die unterschiedlich-

sten Erfahrungen gemacht.« Vom ersten pioniermäßigen Gedan-
kenräderwerk in den frühen Siebzigern, als man nur auf die Null-
Erfahrung zurückgreifen konnte, bis heute gibt jede Menge
unterschiedliche Wege, die zum Song oder sogar zum Hit führen.
Manchmal dauert es nur sehr kurze Zeit, bis ich einen Text zu-
sammenhabe. Dann wiederum kann es sich über Jahre hinzie-
hen, bis ich die Vertextung eines Themas abgeschlossen habe.
Ein Lied, wie »Kleiner Junge« zum Beispiel, hat ewig lange ge-
dauert. Etwa drei Jahre, weil ich es schwer fand, so 'n Thema in
angemessener Weise in eine doch relativ kurze Popsongform zu
bringen. Das Thema verdient es einfach auch, in sehr sorgfälti-
ger Art erarbeitet und vermittelt zu werden. Da ist mit Schnell-
schreiberei dann gar nichts.

Inzwischen habe ich so ungefähr 350 Texte geschrieben über
die verschiedendsten Themen. Und neulich sagte mir die drei-
zehnjährige Gertrude von Campen aus Flensburg an der Flense,
daß sie das bisherige Gesamtwerk als einen ganz vorzüglichen
Spiegel der Zeit von 1970 bis jetzt hält, an dem sie zeitgeistmä-
ßig das jüngere Deutschland ablesen kann (was mich schon
freute).

1973 erschien meine erste richtige Expertenplatte »Andrea
Doria«. Mit 100.000 verkauften Exemplaren war das mein erster
richtig großer Erfolg, und als hätt ich's schon im Studio gemerkt:
Als die Platte fertig war, war ich auch total fertig. Und als ich
dann die endgültig gemischten Bänder abgehört hab', mußte ich
plötzlich anfangen zu heulen wie ein Schloßhund. Das war ein
Gefühl von ziemlicher Sicherheit, daß mit Andrea Doria nun der
Grundstein gelegt war für den endgültigen Durchbruch in eine
glanzvolle Rattenkarriere.

Ein richtiger Popstar, das weiß ja wohl jeder, ist nicht nur einer, der tolle Platten macht, sondern einer, der natürlich auch mit dem dreifach rückwärts eingesprungenen Salto-Rittberger auf den größten Bühnen dieser Welt aufschlägt und Millionen Menschen den Atem raubt. Er muß genau wissen, wie sein Image und sein Look sein sollen. Im Studio kann er ja immer noch mit dem großen Tarnmantel singen, aber jetzt, teuer beleuchtet, und alle mit dem langen Prüfauge dabei, da muß der Popstar Farbe bekennen.

Wichtig ist zu beachten, in welchem Lande der Popstar vor die Massen tritt. Schien uns in Hollywood noch die frisch gebügelte Elastolustsex-Schlapperhose von Armani angeraten, so empfiehlt sich in Deutschland eher ein anderer Look. Das aufgekrempelte karierte Basishemd, die südstadtbetonten Solidarjeans und der von Pumadidas gesponsorte grenzenüberwindende Turnschuh. In seltenen Fällen kann man auch zum Frack und zur Gamasche greifen. Sollte das Publikum eher japanesisch ausgefallen sein, täte es auch ein wildschweinbestickter Kimono – und ein dezentes Stäbchen im Haar.

Der Popstar muß sich jegliches Auftreten in der Öffentlichkeit immer genau überlegen. Auch kann es einen großen Unterschied machen, in welcher Phase seiner Karriere er sich gerade befindet. So kann es, wenn er denn schon schwerreich geworden ist, in Deutschland von Vorteil sein, immer noch einen

Merkblatt 4:

Was macht der junge Popstar, damit am nächsten Tag in allen Zeitungen steht: »A Star is born«?

Merkblatt 4

2 CV zu fahren, in der Öffentlichkeit keinen Champagner zu trinken, in einem feuchten Kellerloch zu wohnen und so zu tun, als hätte er keine Kohle, weil sonst: Neid und Mißgunst.

»Bei uns zu Hause in Amerika ist das natürlich alles ganz anders«, wie mir – kurz vor seinem Ableben – Liberace an Eides statt versichert hat. Stolz und dreist zur Show gestellter Reichtum. Swimmingpool im triplex gestretchten, marmorisierten Lincoln wird dort selbst von den an feuchten Matratzen knabbernden Unterunterprivilegierten mit großem Wohlwollen und großer Bewunderung zur Kenntnis genommen. Da unterscheidet sich der amerikanische Traum dann schon ein wenig vom nordrheinwestfälischen.

Hierzulande, und das finde ich sehr beknackst, wird es von vielen als verdächtig empfunden, wenn sich die konsequente junge Proloratte stolz nach vorne stellt und spricht: **»Früher Feudalismus, heute säuft der Prolet den teuersten Champagner, und er ruft dem Adel zu: So verarmt weiter, Ihr ehemaligen Schänder des Proletariats, das Imperium schlägt zurück!«** Sowas gilt hierzulande als riskant in Sachen Glaubwürdigkeit. Vorsicht ist geboten! Nein, in Deutschland darf der Popstar seinen potentiellen Kritikern keinesfalls Angriffsflächen bieten und so möglicherweise in den Verdacht des Klassenkampfverrates geraten, wegen Solidarität und so.

Zurück zum ersten Sensationsauftritt des Popstars: Bevor er auf die Bühne geht, muß er sich bei der Stiftung »Warentest« und dem »Initiativkreis Beautycontrol« vergewissert haben, daß seine Schönheit über jeden Zweifel erhaben ist. Sollte etwa die Wange zu dick, das Ohr zu weit ab, die Nase gar zu verbogen sein, begibt er sich sofort in schönheitschirurgische Behandlung zu Herrn Dr. Fu Man Chu in Hongkong, weil es dort

Merkblatt 4

sehr gut und besonders preiswert abgeht. Und auch anschließend gleich neue Pässe, damit keiner mehr weiß, wer hier eigentlich wen vorführt. Natürlich ist hier auch die Frisur von
großer Bedeutung. Schau dir die englischen Popstars mit den
singenden Haaren an! Sollte das Haupthaar nicht ganz den Fül-
lemaßstäben der globalen Friseurinnung entsprechen, so lasse
man sich eine Ladung Antimauserverdichtungsaffenhaaar (vom
Echt-Affen) in die Kopfhaut einschießen, damit, selbst im Fall
einer zu kräftig eingestellten Windmaschine, das Knie nicht
durchscheint.

Figürlich muß der Popstar auch total drüberstehen. Mit den
schmalen Schultern und den breiten Hüften kommt man in
diesem Geschäft nicht besonders weit. Ganz schlank soll die
Hüfte sein und fein herausgearbeitet – das Schlüsselbein. Der
eine oder andere Trizeps ist für die Karriere auch sehr vorteilhaft. Und ein kleiner Po ist wichtig, ebenso! Unerläßlich ist es,
die volle Sexattacke zu fahren, um die Frauen so anzuturnen,
daß sie sich später das große Starposter zu Hause hinhängen
und millionenfach auf ihn abonanieren. Selbstverständlich
sollte er auch das Objekt rasender Begierde für viele Männer
sein.

Sollte ungünstigerweise unser junger Popstar vielleicht
schon in seinen frühen Jahren etwas aus der Form geraten zu
sein, so kommt er mit einer gezielten Nulldiät nach Frau
Dr. Nora Nimmersatt immer wieder gut weiter. Er erinnert sich
an zu Hause, löffelt wieder die fade Biersuppe und ißt nasse
Matrazen auf. Er kennt das ja schon.

Wenn der Popstar nun wieder richtig lecker aussieht, stellt
er sich schnell eine Band zusammen für den ersten Auftritt, der
ihn ja nun endgültig in den Obertempel der Poppäpste hochka-
tapultieren soll. Hierbei ist zu beachten, daß die Jungs von der

Merkblatt 4

Band nicht besser aussehen dürfen als der Popstar selber. Aber richtig häßlich dürfen sie natürlich auch nicht sein. Richtig gut Musik spielen können müssen sie, das versteht sich ja wohl von selber. Sie sollten trinkfest sein und locker drauf. Großer Ruhm und wenig Bargeld! Denn schließlich kriegen sie von den Groupies ja auch noch reichlich was ab. Man beachte, daß sich die Kosten für diesen ersten Auftritt in Grenzen halten, denn es könnte ja auch ein Flop werden. Kostenbewußt wird die Kapelle im Sponsorenverfahren von der Firma Skola-Light eingekleidet und vertraglich vom Popstar persönlich für 110 Jahre unter Vertrag genommen.

Und dann rückt der Tag X immer näher. Sämtliche Oberhaifische der Haifischbranche sind dann mit ihren großen Mäulern und den scharfen Zähnen dabei, um zu sehen: »Kommt der Junge heil durch das Haifischaquarium, oder macht er schlapp?« Die Medienschmierer und Presseabservierer sind natürlich auch schon alle da, außerdem viel Snobiety, Schickimicki, Nuttenpack und Dudelsack. Alles in Highfidelity.

Kurz vor dem nun alles entscheidenden Offenbarungskonzert, wahlweise Madison Square Garden, New York, oder Openair im Dr. Jeckyl & Hyde Park London, macht er auf ganz supercool, denn der Popstar darf jetzt kein Lampenfieber haben. Hat er's dennoch, hilft ihm aus der Verlegenheit der gute alte Freund aus der Ginflasche. Nach fünfzehn Gin fühlt er sich sowieso wie der König von Scheißegalien und langt voll hin.

Nun gibt er der Welt eine Chance, ihren guten Geschmack zu beweisen, und wenn irgendwas nicht läuft, dann kann es an ihm sowieso nicht liegen. Dann muß die Welt noch viel lernen. Der Popstar muß gnadenlos davon überzeugt sein, daß er am nächsten Morgen, wenn er sich von seinem Groupie die Früh-

Merkblatt 4

zeitung ans Bett bringen läßt, der gemachte Mann ist. Mindestens so wie Abdulabsana aus Panarabien.

An dieser Stelle muß ich den Popstar vorübergehend alleine lassen, denn nur er kann für sich selber entscheiden, mit welcher Art von Musik, ob Marokkanischem Rai, indischer Sitardiscomusik, israelisch arabischem Osterhasasound, Londoner Technohallucination Acid Rock, Atarijunk-Cha-cha-cha, ja mit welch erlesenen Klängen er die Welt zur Raserei bringt. So einfach ist das alles!

Erstens war es bei mir ziemlich genauso, aber zweitens dann doch wieder ganz anders.

Merkblatt 4

Wenn ich fünf Minuten vor dem Auftritt hinter der Bühne steh
und mir durchs kleine Loch im Vorhang das Große Publikum
anseh. Wenn's dann plötzlich mulmig im Magen rumort und
der »Lampenfiebervampier« mich voll durchbohrt – wenn ich,
obwohl ich sonst so easy bin, total vibrier und der Roadie
bringt mir schnell noch'n Beruhigungsbier, dann wär' ich
lieber einer von Euch da unten, dahinten, zehnte Reihe links
– ich würde denken, 'na Popstar, wollen wir doch mal sehen,
ob Du das bringst? Ich würd mich locker, wie ein Rocker in
den Sessel hängen und lauschte, wie berauscht diesen Infer-
nogesängen. Das einzige Problem, das ich mir vorstellen
kann, wie verkraftet meine Freundin so'n erotisches
Programm? Die Flasche mit dem Kicherwasser kreist von
Mann zu Mann. Ja, die Jungs von der Kapelle knallen sich
tierisch an. Ein letzter Blick in den Spiegel, weil man auf
Schönheit nicht gern verzichtet und dann sagt Controlletti:
»Signore – — die Bühne ist angerichtet!«

*Z*urück nach Hamburg, 1971: Ich wohnte in der Johnsallee 62
in einer alten Mietsmansarde mit Bröckel-Stuck von der
Decke runter und wußte, es hilft nicht nachzudenken, man
muß vordenken. »Hamburger Szene« gab es damals noch gar
nicht. Es war die große Ebbe. Star Club zu, Top
Ten dicht, immer noch keine Fabrik, noch keine *Vier*
Markthalle und kein Logo. Mit dem Onkel Pö hatte man gerade
angefangen: ein alter Pflaumenkuchenladen mit Ringelpiez und
Tischtelefon, Ball der einsamen Kerzen. Dann ein neuer Besitzer,
Peter Marxen, der hat da plötzlich so'ne Bühne reingeschnitzt.
Hat sich vorgenommen, da muß es richtig abgehen. Ging dann
auch. Das war 'ne bunte Bühne, so richtig offenes Musiktheater
auf Sperrmüllbasis, und »Hoppla« sprach ich: »Jetzt komme ich!«

Ein herzliches Willkommen für alle Musikartisten und Chaosexperten. Vom Dixieland über die Zauberfiedel von Lonzo Westpfahl, Honky Tonky — Gottfried Böttger am Klavier, Karl Allaut, der Spacegitarrero. Spiel ohne Grenzen vom metaphysischen dreizehneinhalbton Bee Bop bis zu Brunos Salonband. Da ging ich jetzt dauernd hin und knüpfte wertvolle Kontakte. Ich saß verträumt an der Ecke und lutschte den Pineau weg.

Ich hatte das Gefühl, das Onkel Pö wird so 'ne Art Kreißsaal, 'ne Geburtsstätte, die absolute Brutstation für den Hamburger Szenenwahnsinn, den wir bald entfachen würden. Am Tag saß ich immer in meinem Wohnklo in der Johnsallee und kritzelte auf meinen Manuskripten rum, und abends ging ich stets ins Pö und diskutierte mit den geneigten literarischen und musikalischen Geheimräten noch mal kurz einen aus. Wir waren very sessionfröhlich.

»Bitte Platz und Anteil nehmen auf der Bühne – eine neue und rasante Fahrt!« Das war echt so 'n »Melting pot«, 'n ein richtiger Schmelztiegel, eine richtige panische Großküche für neue Musik. Es kamen immer mehr Durchblicker dahin, auch die Leute von den Plattenfirmen. Die waren ganz unruhig und faßten sich an die Halsschlagader und hatten das Gefühl: »Hier steppt bald der Papst!«

Im Pö haben wir richtig gewohnt und sind oft gar nicht mehr nach Hause gegangen, gleich unterm Tisch gepennt. Und morgens wurden wir mit dem Putzlappen hinterm Ohr durchgeweckt, verkatert zwar, und dennoch merkte ich, daß der Maggiwürfel in meiner Tasche anfing zu leuchten. Es war wie ein Lichtfest. Ich wußte, hier ist das Zentrum, die Stätte der Tat.

Ich stellte Probebesetzungen zusammen. Nun, da das mit den Platten ja schon ein bißchen lief, war mir klar, ich brauch 'ne

Bühne für die Probegaloppläufe, zum unverbindlichen Ausprobieren. Und dann später auf das große Parkett, auf dem du entweder ausrutschst und dir die Nase verbiegst oder von dem du abhebst wie das Spaceshuttle seit 88 wieder. Alles klar auf der Andrea Doria!

Bei Onkel Pö spielt 'ne Rentnerband
seit zwanzig Jahren Dixieland
'n Groupie haben die auch, die heißt Rosa oder so
und tanzt auf'm Tisch wie'n Go-Go-Go-Girl
und dann Paula aus St. Pauli, die sich immer auszieht
und Lola hat Geburtstag
und man trinkt darauf, daß sie wirklich mal so so alt wird
wie sie jetzt schon aussieht
und überhaupt ist heute wieder alles klar
auf der Andrea Doria.

Gottfried heißt der Knabe da hinten am Klavier
und für jede Nummer Ragtime
kriegt er 'n Korn und 'n Bier
ein Typ in der Nische schockiert seine Braut
und Bernie Flottmann denkt, er wär 'n Astronaut

ALLES KLAR AUF DER ANDREA DORIA

jetzt kommt noch einer rüber aus der Dröhndiskothek
und ich glaub, daß unser Dampfer bald untergeht
aber sonst ist heute wieder alles klar
auf der Andrea Doria.

Bei Onkel Pö spielt 'ne Rentnerband
seit zwanzig Jahren Dixieland
'n Groupie haben die auch, die heißt Rosa oder so
und die tanzt auf'm Tisch wie 'n Go-Go-Go-Girl
es kommt mal wieder gar nicht so drauf an
und Leda träumt von einem Pelikan
und überhaupt ist alles längst zu spät
und der Nervenarzt weiß auch nicht mehr
wie's weitergeht
aber sonst ist heute wieder alles klar
auf der Andrea Doria!

Ich brauchte jetzt die unschlagbare Band für das erste unschlagbare Großkonzert. Nach Art des Hauses traf meine Wahl die
Besten:

    Meinen Uraltkumpel Steffi Stephan, am Bass, den ich bereits
aus prähistorischen Münsteraner Studentenzeiten kannte. Dr.
Overdose aus München, Olaf Kübler. Backi Backhausen, ein junger Kollege am Lammfell. Karl Allaut, der einzigartige Gitarrist,

Udo Lindenberg   Gottfried Böttger   Karl Allaut

den wir aus den erlauchten Kreisen der deutschen Free Jazz Elite abwerben mußten. Um ihn auch entsprechend zu stylen, schwupp di wupp verschwand er im Bad. Die große Säge wurde angesetzt. Der Kopf wurde anrasiert, der Bart kam ab und dann gleich auch in den Smoking rein. Da war er, der elegante Carl Brutal, und spielte den Tango noch einmal mit dem Spacefinger. Gottfried Böttger, der Erfinder des linkshändigen Boogies. Ich, der ich nun mittlerweile gedacht hab, ich soll mich mal besser aufs Singen, aufs gute Aussehen und aufs Getanze konzentrieren und nicht trommeln, denn beides gleichzeitig? Schwierig. Ich würde vorne stehen mit nichts als einem Mikrophon bekleidet.

Mit dem Getanze, das war für mich noch gar nicht so geregelt. Noch wußte ich nicht, daß durch reichliches Mutangetrinke ein Promillespiegel entsteht, der dich in beunruhigender Weise veranlassen kann, alles, aber bloß nicht umfallen zu wollen.

Aus dem Balancehaltschritt wurde dann später mein unnachahmlicher Bodytalk-Tanzstil, bei dem sich Generationen von nachstrebenden Imitatoren noch Jahre später die Wirbelsäule verbiegen sollten. Außerdem ist diese meine oft kopierte und nie erreichte Tanzkunst auch wohl irgendwie deswegen entstanden, weil ich ja früher Trommler gewesen war, immer mit dem schnellen Fuß an der Bassdrum. Mit dem anderen an der entgegengesetzten Hi-Hat-Koordinationsschwierigkeitsstufe eins. So konnte ich dann später auch in 15 Minuten Steppen lernen.

Am 13. August 1973 wurde die Panikband gegründet. Wir probten wie die Verrückten. Es waren mehrere Termine für die Musikhalle Hamburg für den ersten großen Live-flash angesetzt, aber noch war ich zögerlich, noch zierte ich mich, verschob und

Steffi Stephan   Backi Backhausen   Thomas Kukuck

verschob den Termin, weil ich wußte, es mußte so gut sein, daß die Leute glaubten, der Messias wäre persönlich vorbeigekommen. Nein, ich war einfach noch nicht ganz ready. Schlaflose Nächte. Und die Band war auch noch nicht so richtig messerscharf. Schließlich war es dann soweit. Es gab kein Zurück mehr. Das Konzert war total ausverkauft. Der Hype um meine Person war durch die Industrie gewaltig gediehen, und das timing war perfekt. Jetzt mußte ich loslegen – heute oder nie, sagte ich mir. Barfuß oder Lackschuh.

Zwanzig vor acht, und ich schlich wie ein unruhiges Raubtier hinterm Bühnenvorhang hin und her. Bohrte mit der Zigarette ein Loch da rein und schaute mir das Publikum an. Da saßen sie nun, am See Genezareth, und warteten auf ihn, der das Wasser teilen würde, barfuß – ohne Versicherungspolice, ohne Netz und doppelten Boden. Ja, sie warteten auf – **ihn**. Und das war plötzlich **ich**.

Ich kriegte es echt mit der Angst zu tun und wurde für einen Moment ganz religiös. Ich hatte ständig das Gefühl, daß sich mein Magen umdreht, und mich befiel 'ne ziemliche Angst, den Gig zu schmeißen. Zweitausend Leute. Mir schlotterten die Knie. Was konnte alles passieren, damit die Zeitungen am nächsten Morgen meinen Auftritt niedermachten oder noch schlimmer, gar nichts drüber schreiben würden? Monatelang hatten wir auf diesen Abend hingearbeitet und waren trotzdem einigermaßen verunsichert. Tja, nun ging's drum! Durch meine diversen Auftritte im Onkel Pö war ich in Hamburg zwar schon 'ne ziemliche Underground-Attraktion, aber dieser Abend, das war doch nun was ganz anderes.

Hier sollte der entscheidende Schnitt in meiner Karriere stattfinden. Es ging um alles oder nichts. Ich stand mit Olaf hinter der Bühne an der Bar, die extra für uns aufgebaut war, und wir tranken jeder 15 Korn-Cola. Die Band spielte bereits die Overtüre, drei Stücke vorweg. Olaf machte auf »coolen Indianer«, als er meine Zitterhände sah, sprach mir Mut und Zuversicht zu und kredenzte mir noch ein weiteres Gurgelwasser. Der countdown lief. Ich gab mir den goldenen Tritt und rannte auf die Bühne, die bereits kochte. Ich legte meinen erotischen Schnellschritt ein und hoffte nur, daß mir die doppelten Körner nicht aus dem Kopf fallen würden.

Bloß keine Panik, alles mußte unter Kontrolle bleiben. Jetzt konnte alles nur noch aus dem Bauch und vom Feeling kommen. Während die Panikband schon voll abgehoben war, raste ich nach vorn, wo ich mein Mikrophon auf einem dieser wackeligen Ständer wähnte. Diese Dinger mit den drei Knickfüßen. Ich hatte mich durch meinen promilligen Silberblick in der Entfernung vertan, dann noch geblendet durch die riesig großen Scheinwerfer, und rannte ins Leere. Da wo ich das Mikrophon ahnte, war nichts als pure Luft.

Vor Schreck stolperte ich und drohte auf die Bühne zu krachen. Während des freien Falles riß ich geistesgegenwärtig mit dem Fallfuß das Mikrophonstativ um. Das Mikrophon schleuderte aus der Halterung, mir direkt vor die Schnauze, und als ich dann da lag und dachte: »Udo, das war's dann wohl, die Karriere wurde soeben beendet«, schrien die Leute vor Begeisterung auf, und ich fing in meiner Verzweiflung an zu singen, und jeder

dachte: »Die Show hat er aber richtig gut geprobt, das muß ihm erst mal einer nachmachen.«

Der Saal explodierte, die Zuschauer stiegen auf die Stühle. Ich erhob mich lässig aus dem Bühnenstaub, und der Rest des Abends ging ab wie die Christel von der Post. Riesenerfolg – riesige Premierenparty. Als ich am nächsten Morgen aus dem Koma erwachte, holte ich mir alle Zeitungen, und die Headline war:

»A Star is born!«

»Wenn das so gelaufen ist«, sagt sich die Ratte, »dann setzen wir uns doch erst einmal ans Telefon und warten ganz verträumt, wer nun anruft.« Und sie riefen an, die Plattenfirmen: »Eure Durchlaucht, wir würden so gerne mit Ihnen flirten, denn wir sehen in Ihnen unsere ganz große Zukunft.«

»Ich fühle mich sehr gepinselt«, sprach ich und dachte: »Wie überaus vorteilhaft!« und machte gleich ein paar Verabredungen in den Chefetagen der Scheckanstalten. Ich legte mir die Gamasche an und erinnerte mich an den alten Spruch: **»Unter einer Million, meine Herren, erübrigt sich hier jedes weitere Wort.«** Ich blieb dann aber doch bei der Teldec zu einem Preis von einer Million Vorschuß. Ich war die erste Ratte von Deutschland, der es gelungen war, sich richtig tief in einen Konzernscheck reinzubeißen, und hab gedacht, »so muß das jetzt auch immer weitergehen, als klassenkampfmäßiger Ausgleich zwischen dem Mörderkapital der Großindustrie und der Armut des Proletariats.«

Es begann eine endlose Feier, aber auch endlose Maloche, kann ich heute rückblickend sagen. Die Teldec, die alte Tante Teldec, eine fast italienisch geführte, familienorientierte Firma, wurde für mich so'ne Art zweites Zuhause. Da es mir ebenso wie der Firma wichtig war, daß diese soeben glanzvoll begonnene Karriere steil weiter nach oben geht, habe ich mich in sämtliche Promotionmaßnahmen eingeschaltet. Ich war ständig da, und wir haben den ganzen Promotionapparat richtig schön nach oben geschoben. Unsere fruchtbare Plattenehe führte zu 20 Venylkindern, und es war 'ne Spitzenzeit. Auf die Schnelle fallen mir Namen wie Kurt Richter, Gerhard Schulze, Uwe Tessnow, Heidi Münch und Volker Heinz ein. Ein herzliches »Ahoi« an die ganzen Kumpels von damals.

Zehn geile Jahre! Ständig Studio, ständig auf Tour, meine beiden Filme »Panische Zeiten« und »Super« von Adolfo Winkelmann, das Abenteuer nahm kein Ende. So vollgeknallt mit Erlebnissen, daß ich gar nicht weiß, womit ich überhaupt anfangen soll. Ich schätze mal, wir haben mindestens 15 Tourneen gemacht in der Zeit. Allein bis 1979. Und viele weitere Tourneen sollten folgen. Wir sind halt 'ne fleißige Firma. Und immer schön gucken, was man Neues machen kann, und immer schön flexibel bleiben und immer neue erlesene Partner. Ben & Götz, Detlev Krömker, Dieter Oehms, Angelika Pohl, Knippi, Julia, Grit, und jetzt all die andern bei der Polydor. Immer auf großer Fahrt – und viel, viel Spaß.

Wir haben sehr früh angefangen, die Songs in Bilder umzusetzen und Akteure und Statisten mit auf die Bühne zu nehmen. Ich erinnere mich, wie ich Elli Pyrelli kennenlernte, die ach so überaus gütige runderneuerte Schallersopranistin aus

dem Regensburger Opernhaus (oder war sie vielleicht aus Barm-
beck?). Wir haben einfach den Künstlerdienst angerufen und um
eine etwas gewichtige Dame gebeten. Sie hatten eine da, und
die war dann auch gleich richtig, und das war dann unsere Elli
Pyrelli. Es klappte so gut, daß wir noch einen Anruf gemacht
haben, und über den gleichen Künstlerdienst sind wir dann an
unseren Tangogeiger Rudi Ratlos rangekommen, der Gigolo, der
aus den Ruinen des Hauses Vaterland zu uns inkarnativ empor-
stieg:

»Rudi Ratlos«, der Galante.
Rudi Ratlos heißt der Geiger
der streicht uns grad 'n Evergreen
er ist 80, hat zittrige Finger
und ist schon ganz weich in den Knien

Rudi Ratlos, mit viel Pomade
in den wenigen Haaren, die er noch hat
schade, schade, Berlin 33
da war er der schönste Geiger der Stadt
da war er der Liebling aller Frauen
und außerdem Leibmusikalartist
von Adolf Hitler und Eva Braun.
Rudi Ratlos, heute wieder
auf den Brettern, die die Welt bedeuten
er wurde aus dem Altersheim abgeholt
von diesen cleveren Businessleuten

Und der galante Carl Brutal
tanzt den Schieber jetzt noch mal
und er schiebt die Lady nett, übers glänzende Parkett
und der Geiger geigt uns einen
und manche Damen fangen an zu weinen

und eine ist schon ganz naß
in den Augen und um die Nase blaß.

Rudi Ratlos geigt den Tango
auf eine Art, die uns betört
er ist ein solcher Wahnsinnsmacker
daß selbst ein falscher Ton uns nicht stört.

Dieser Rhythmus, daß jeder mit muß
diese Melodie vergißt man nie
uh, das geht in jedes Bein
so muß ein Tango sein.

»Elli Pyrelli«

Elli Pyrelli vom Regensburger Opernhaus
bläht ihre Kehle und ihre Seele auf
und kommt wieder ganz groß raus
überhaupt ist diese Art Schmettergesang

neuerdings wieder sehr gefragt
die Rock'n Roll Gespenster sind weg vom Fenster
die Arie ist angesagt
Elli Pyrelli: Oh Votan, weiche von mir...

Und Felix, der ganz Große unter den Kleinen, den hab ich irgendwann im Onkel Pö kennengelernt. Beim Vorstellungsgespräch hat er gleich vor lauter Freude den doppelten »Salto Mortale« geschlagen. Da lag er dann neben seinem rausgehauenem Backenzahn unterm Tisch und kicherte mich an, mit seinen großen Belmondo-Augen. Ich wußte, dieser Mann ist richtig für unsere Firma. Er hatte zwar nichts Richtiges gelernt, genauso wie ich, aber er tat es trotzdem.

Und was alles, sollte sich später zeigen. Ein überaus vielseitig einsetzbarer Mann. Als Batman, als Bodo Ballermann, als Teufel beim »Rätselhaften Bielefeld«, als der Cowboy, der aus Laramy kam. Als Felix mal den Teufel gespielt hat, mit so 'nem roten Häubchen auf, mit Hörnern dran und einer Mistgabel, damals noch nicht gesichert mit dem sogenannten Sicherungsspezialgummipfropfen, kam er immer näher an unsere wichtigen Popöchen ran, und eines Tages bekamen wir auch schwerste Angst, daß er uns vielleicht mal verträumt die Gabel in den Arsch stoßen könnte. Aber wir haben's überlebt.

Und dann unser überfliegender Dracula-Darsteller Ralph Hermann, der mich auch viele Jahre als getreuer Generalsekretär begleitet hat. Und mein Neffe Marvin, der schon mit sieben, als kleiner Detektivsänger, das Publikum zum Rasen brachte.

Und Romy Haag, von der Firma »and then he shaved his legs and then he was a she« – I said Baby take a walk on the wild side – Der schönste Transvestit. Und ich so hingerissen, daß es mir völlig egal war, welcher Geschlechtlichkeit »es« zuzuordnen war. Sie war vom Dritten Geschlecht, wie sie mir sagte, und das fand ich sehr überzeugend.

Und dann Jophi Ries, das Findelkind aus Altona, der kleine pfiffige Regie-Assistent und Pantomimemeister, der Schauspieler in tausend Rollen – über, auf und hinter der Bühne. Und dann kriegte er seinen Concillieri-Lehrgang.

Dann der unerreichbare Oberabgreifer »Dr. Greif«. Unser Bordmasseur, der in frühester Jugend in Kuba bei Friedel Castro persönlich schon die ersten Korrekturgriffe angewandt hatte und nun in prachtvoller Weise dazu in der Lage war, dem Gitaristen die Finger wieder gerade zu biegen und so manche Versteifung wieder zu entsteifen. Der unvergeßliche Dr. Bernhard Böhm, unser Stage-Behandler mit der magischen Hand.

Und die Dröpse Heike Hannemann, Susy Klinger, Christine Reth, Miriam Schönfeld und Caro Zöller, die multifunktionellen Fiffikus-Assistentinnen und immer alle gleich mit auf die Bühne.

Und alle unsere Wunderärzte Dr. Chicago, Dr. Bärbel Kistner, Dr. Juckermann, die immer dann weiterwußten, wenn wir alle kurz vorm Kollaps waren. »Und der Doktor macht den Koffer auf

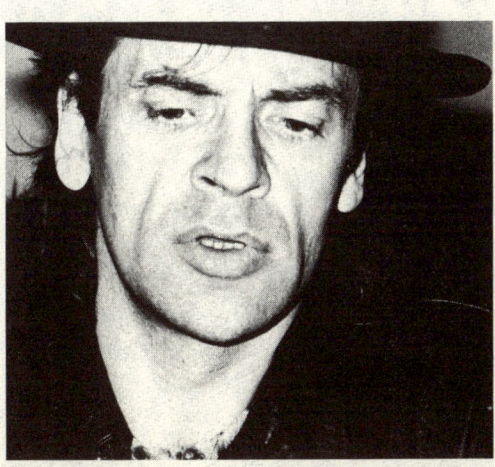

und er gibt uns die Sachen, die uns muntermachen, denn unsere Show will jeder sehen und deshalb muß sie weitergehen.«

Ja, Vampire und Feuerschlucker, King Kongs und Jongleure, Verwandlungskünstler und fliegende Kinderchöre, Nonnenballett, Ex- und Inzorzisten, Dancer und Robots, weggeflogene, schwer verbogene Flexibilisten aller Genres vereinigt Euch!

Und über allen, und natürlich hat sie den ewigen Sonderplatz, Gaby Blitz, meine beste Freundin und Komplizin über viele Jahre hinweg. Ohne meine Chefassistentin, Sekretärin Gaby, wären all die Tourneen bestimmt nicht so Spitze gelaufen. Ich hab' Gaby mal 'n Meisterbrief für Oberflexibilität ausgestellt. Sie war so clever, sie hatte einfach alles drauf. Und fiel mal 'ne Sängerin aus, schwupp di wupp, Gabi auf der Bühne, und sang so schön sie konnte, und tanzen konnte sie auch in atemnehmender Weise. Sie war 'n schönes und schlaues Kind. Sie ist viel zu früh gestorben. Totaler Schock, doch hinterm Horizont geht's weiter.

Auch Rocky, den Iroquesen, den wir alle sehr geliebt haben, haben wir verloren. Auch er guckt sich unsere weiteren Shows aus Himmelshöhe an. Naja, das große Panikkabinett, das totale Massentheater, und jeder einzelne ist ein wunderbares kostbares Individuum. Und unsere Catcher, Otto und Klaus, die Weltmeister im »heavy Schwergewichtsarmbrechen«, die dann auch die freundlichen Bodyguard für die Firma machten. Und all die anderen; 'ne offene Bühne – ein Kommen und Gehen! Aber keinen werden wir vergessen.

Es waren große Shows, und es wurde immer noch einer oben-
drübergelegt. Unser größtes Ding war vielleicht die Tour mit dem
Theaterregisseur Peter Zadek, der – was ich löblich fand – den
kleinen Rahmen des feudalistischen alten Insider-Theaters zu
sprengen gedachte und sich dafür interessierte, was entstehen
würde, wenn Rock- und Theaterexperten zusammenkommen. Und
dazu noch der Champion-Choreograph Samy Molcho, on the Top.

Zadek, ein mutiges Kerlchen. Ein bißchen beknackst, genauso
wie ich. Es wurde eine Jahrzehnt-Tournee. Die Hallen mußten an-
gebaut werden, und es war ein absoluter Fantasie-Excess. Infor-
mierten Zeitgenossen wird nicht entgangen sein, was wir im
Laufe der Jahre so alles auf die Bühnenbretter gezaubert haben.
Jeder konnte das sehen. Notfalls im Fernsehen. Lindenberg
später: »Ich kann mich nicht an alles erinnern, jedoch bedaure
ich nichts.«

Ich denke, daß es manche Leute mal interessieren könnte, wie
man sich nach solchen Konzerten so fühlt, so völlig weggepo-
wert, so hoffnungslos ausgepumpt, so richtig beendet, von der
Firma »Heiß & Fertig« – Fix und Foxi. Ich kenne Kollegen, die
sitzen nach dem Bad in der Menge wie ausgeschüttet allein und
»lost« wie gestrandete Astronauten in der kalten Garderobe und
versuchen, sich selbst wiederzufinden. Sie haben sich sowas von
verausgabt, daß nach dem Konzert so wenig bleibt, daß sie kaum
noch wissen, wie sie heißen. Ich kenne Kollegen, die rufen nach
dem Konzert erstmal ihre Mamamia an und sagen: »Klopf dir auf
die Schulter, Mutter, da hast du schon ein strammes Kind, wir

GABY

haben das heute wieder richtig gut hingekriegt!« Und so hab' ich das auch immer gemacht.

Ich kenne Kollegen, die tun sich die Konzertgage cashmäßig in die Tasche, mieten sich den schnellen Übernacht-Helikopter, fliegen zugedröhnt ins nächste Spielkasino und verzocken die Gage für die nächsten drei Konzerte auch noch. Es gibt alles – Spiel ohne Grenzen.

*W*ie ist es denn nun bei mir? Unterschiedlich! Der Adrenalinabbau wird verschieden gehandhabt. Gewöhnlich wickle ich meinen Edelschwitzekörper in kühle Tücher ein und verlasse im Schutze der Abdunklung die Konzerthalle und fahre mit den anderen in irgend 'n Restaurant. Ich lege mich stets unter den Tisch und speise dort am Fuße meiner Jünger. Oft bin ich sowas von k. o., daß ich wirklich nur noch abliegen kann und freundliche Hände reichen mir die erfrischende Salatschüssel unter den Tisch. Ich denke, Jesus sprach einst zu seinen Jüngern, haste keine Gabel, so ißte mit den Fingern.

Wenn die Schnüffeljournalisten auftauchen, ist Udo natürlich nicht da. Wie vorteilhaft, denn nach solchen Konzerten habe ich wenig Lust, für die Schreiberlinge den Doktor Labermann zu machen. Ich brauche dann mehr intime Situationen, gemeinsam mit meinen Freunden. Deswegen wurde die »Untermtischmethode« erfunden. Nach dem Salat empfange ich dann meistens die eine oder andere Sympathiesantin im Spagat zwecks intellektuellen Austausches unterm Tisch. Es gibt viele Menschen, die nach den Konzerten das heilsame Gespräch mit dem Sänger suchen, manchmal auch das geilsame. Aber jetzt mal ganz im Ernesto, man darf die Frauen nicht diffamieren und geringschätzen, die Interesse haben an Literatur und Dichtkunst und aus solchem Grunde den Dialog mit mir suchen. Jeder weiß, daß ich nicht der schnelle sexuelle Junge bin und viel Freude habe an wertvollen Gesprächen mit kritischen Menschen über Textergründungs- und sonstige Vertiefungs-Möglichkeiten. Nach Abschluß des Untertischgespräches kann es dann schon mal vorkommen, daß man den Talk im Hotel fortzusetzen wünscht – von Frau zu Frau, von Mensch zu Mensch, von Mann zu Mann. Groupies gibt es bei uns nicht. Ich bin ja auch kein Groupier!

Und nach den Konzerten wird der Popstar »Udo« sowieso wieder in die Schachtel zurückgepackt, und dann hat der Privatmensch »El Panico« einfach ein natürliches Interesse daran, sich in flexibelster Art mit Vertreterinnen des jüngeren Deutschland in sachbetonter Weise auseinanderzusetzen. Sollte es dann doch mal zum persönlichen Kundendienst kommen, nach dem Motto: »Hier machts der Chef noch persönlich«, dann kann ich nur sagen, »diese Firma meint es halt wirklich gut mit ihrer Clientele.« Meistens kommt es jedoch nicht zum Äußersten, allein schon wegen meines Erschöpfungszustandes. Falls aber doch mal das »Grobe« gewünscht wird, greifen wir auf mein Sexdouble zurück. Der hat 'n paar Kondome unterm Hut und die netten Dauerpotenztabletten. Der kann stets und ständig und notfalls auch mal eigenhändig.

»Astronaut«

Einsam wie ein Astronaut im All gestrandet
endlos verflogen.
Die Bodenstation schweigt und er begreift
du bist verloren und ganz allein hier oben
so 'n Gefühl, das hab ich manchmal
wenn ich hier auf der Bühne steh
vom Spot geblendet, dunkler Saal
und nichts mehr auf dem Kontrollschirm seh
Und ich sing mein S O S
und ich hoffe so, heute bist du hier
und ich seh dich nach der Show
ey, ich warte so auf ein Zeichen von dir
oder glaubst du auch wie die meisten Leute
so'n Popstar hat mindestens zehntausend Bräute
und er könnte dich für ein Groupie halten
kommst du deswegen nicht?
Eh, glaub' mir, ich will doch nur dich.

Nach den heißen Konzerten, die kalten Hotels
allein und ich denk an dich ...
Irgendwo und irgendwann
werden wir uns gegenüberstehen
vielleicht schon bald zum ersten Mal
und es wird so sein wie ein Wiedersehen.

*I*n unserer Band ist es auch nicht anders als bei den Stones früher, besonders in den ersten Jahren haben sich die Schmierblätter auf uns gestürzt und einen Tourskandal nach dem anderen verkündet. Sex und Drugs und Rock'n Roll. Und mit Feuerlöschern durch die Hotelkorridore und die Türen ausgehängt und »Wer schmeißt den ersten Fernseher aus dem Fenster raus?« Naja, manchmal gab's da schon sowas wie Ventil aufmachen und abreagieren nach dem Konzertstreß, denn der ist ja auch manchmal wirklich heavy und erfordert ständige Disziplin.

Ich möchte mal darauf hinweisen, daß es ein großer Irrglaube ist, Musiker arbeiteten am besten unter Drogeneinfluß. Meiner Erfahrung nach kann man mal ein Gläschen Kicherwasser zu sich nehmen, sonst bin ich aber zu der Erkenntnis gekommen, klarkopfmäßiges Arbeiten bringt die größte Qualität. Und das wird manche wundern, denn viele uninformierte Mitmenschen halten mich ja für den Oberdrogisten schlechthin, den absoluten Drogenfreak: »Wie der schon aussieht, der muß doch!« Ich habe mit Drogen überhaupt noch nie was am Kopp gehabt. Ich habe zwar auch schon zweimal am Joint gesogen, hat mir aber nichts gebracht. Ich weiß zwar, daß es Koks gibt. Wie es aber wirkt, weiß ich nicht. Hab ich nie genommen, hatte nie Interesse dran. Das Gehirn ist ja auch so schon ein ganz wunderbarer Spielautomat. Ist mir viel zu kostbar und wertvoll. Da mach ich besser keine riskanten Spiele mit, da drück ich lieber nicht die Risikotaste. Und Heroin schon gar nicht! Hat mir schon gereicht, in meinem

Bekanntenkreis einige abstürzen und wegfliegen zu sehen. »Die Dealerschweine und die tote Kleine auf dem Bahnhofsklo« – Trauer und Wut! Ich habe viele brennende kleine Seelen auf dem Todesflug beobachtet, habe auch ein paar Antidrogensongs geschrieben und die Hoffnung gehabt, daß durch Verbreitung solcher Songs manche Kleenen vom Griff zum Todesbesteck abgehalten werden können.

»Riskante Spiele«
Er war 15 Jahre alt und er sagt zu seiner Mutter:
Ey, gib mir mal 'n Glas Wasser
ich muß mal eben 'ne Tablette einnehmen.
Die alte Dame meinte: Sehr vernünftig
du denkst an deine Gesundheit, mein Sohn
Und dann nahm er sich 'ne AM 1
und später noch 'ne Speedogon
uh, das knallte rein, das törnte sehr gut an
das zog ihm runter bis in die Socken
und dann sagte er: Olga, alles easy
jetzt geh ich einen rocken.

In der Schule, im Chemiesaal, mixte er sein Teufelszeug
riskante Spiele, die er spielte
er schnüffelte Juhu und Klebolin, bis er schielte

Später rauchte er dann Haschisch
nahm Mescalin und LSD
und dann fiel er schließlich mit seiner Nase
auch noch voll in den Schnee!
Ahua, hua, hua
Laß die harten Drogen sein
trink dir doch mal lieber einen!
Jetzt griff er zur Fuselpulle
er war interessiert, wie Alkohol funktioniert
nun stand er jeden Abend an der Theke
und trank mit Vergnügen viele Flaschen aus
doch eines Abends, nach dem 20. Bier
da sah er seine erste weiße Maus.

Uh, das darf nicht sein, nein, nein, nein
er macht die Augen zu und hält sich am Tresen fest
doch da merkt er, zu spät
er steht mit den Beinen schon mittendrin im Mäusenest

Ahua, hua, hua

»Schneewittchen«

Sie war siebzehn, als ich sie kennenlernte
irgendwo im Ruhrgebiet
sie war kein Greenhorn, diese süße kleine Blasse
sie war ein Mädchen der kosmischen Klasse
ich war eine Nacht mit ihr zusammen
und ich stand in Flammen!

Sie sagte: Früher stand ich den ganzen Tag
am Flipperautomat
Discos und Kinos, das bockte nicht mehr
doch dann kam Joe, der kleine Pusher
den liebte ich total
der sagte: Hier hab ich die Lösung
ey, probiert doch mal!
— Joe hat mich längst verlassen
er ist schon lange nicht mehr hier
doch die treue kleine Schwester, die blieb bei mir.

Und sie sagte, es tut mir sorry für dich
warum fliegst du nicht auch wie ich
auf bunten Riesenflügeln
hoch über dieser nüchternen Welt?

Was glaubst Du, warum ich so happy bin
das steckt alles in dieser Nadel drin
und wenn er zu hart wird, dieser Törn
kann ich jederzeit aufhörn!

Ein Jahr später hab ich sie wiedergesehen
und sie nannte sich Schneewittchen
ihre Augen waren wie das Bermudadreieck
sie zogen mich in die Tiefe und ich war ganz weg
doch auf dem Grund sah ich den heißen Schnee
und ich wußte, sie verbrannte, und das tat mir sehr weh.

Heute haben sie mir erzählt
Schneewittchen lebt nicht mehr
sie kam zu nah an die Sonne mit dem letzten Schuß
ihre Flügel schmolzen, wie die von Ikarus
sie verreckte im Bahnhofsklo
als sie 'ne Überdosis nahm
die mörderische Fixe steckte noch in ihrem Arm.

Und durch die Halle geht ein Mann
seriös und akkurat

er ist das Superschwein

vom Kinderkillersyndikat

und im Koffer zwei Kilo Winterlandschaft

für die tödlichen Weihnachtsfeiern

seine Weste so weiß wie Schnee

und er fährt mit dem Intershity

bis Brown-Sugar-Town

1. Klasse TEE

*E*isenhartes Arbeiten auf der Bühne. Gut fit sein. Wir machen vor den Tourneen auch immer bandmäßiges Joggen, unter fünf Kilometer gibt es keine Gnade. Die Schnellfüße mit dem klaren Kristallkopf. Und wer viel und gut arbeitet, soll dann natürlich auch richtig feiern. Fun ist schon immer unser wichtigstes Anliegen gewesen, aber Repertoirekenntnis, eisiges Üben und das Instrument richtig im Griff zu haben, das ist genau so wichtig, und erst dann, wenn alles hinhaut, kann die Party richtig starten. Das wirkliche Geheimnis des Erfolges ist die absolut jederzeit abrufbare Vollkonzentration und Konsequenz. Dieses Fighten, das bei jedem Gig auf's neue gefordert wird. Dazu muß sowohl das Bandfeeling als auch das Family-Feeling aller Beteiligten untereinander total stimmen. Jeder Musiker in der Panikband muß ein absoluter Profi sein. Das ist schon mal

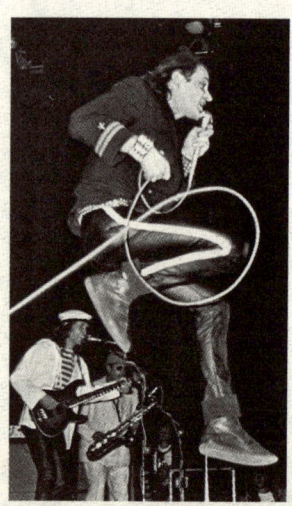

die erste Voraussetzung. Dazu kommt, daß er in der gleichen Groove schwingt wie der Rest. Es ist kein Amateur dabei.

Da alle von der Panikband entweder eine sizilianische oder westfälische Ausbildung gemacht haben, ist der Geist der Band geprägt von Djangomäßiger Genauigkeit, aber auch von Temperament und großer Lebensfreude.

Meine allererste größere Tour wurde von MAMA Concerts, Marcel Avram und Marek Lieberberg, damals beide noch in Frankfurt, durchgezogen. Nach dieser ersten Tour bekam ich von Mama einen ganz ernst gemeinten Witzbrief, mit etwa folgendem Wortlaut: »Lieber Udo! Die soeben glanzvoll gestartete Karriere könnte jäh zu Ende gehen, wenn sich die Trink- und Randalegewohnheiten der Band nicht ändern.« Das war noch in den Gründerjahren, so um 1973. Doch die kesse Panikband sprach: Und weiter gehts mit dem einarmigen Hochreißen in der Zweiliterklasse. Trank also noch einen mehr, und die Karriere ging weiter wie geschmiert.

Die Archivisten der deutschen Nachkriegskultur können sicher genau aufzählen, wie viele Touren das jetzt schon waren. Ich weiß es nicht mehr ganz genau. Es waren Tausende von wunderbaren Konzerten. Tausende von wunderbaren Parties. Zärtliche Begegnungen mit Publikum und Einzelmenschen. Insgesamt sind wir ja schon 16 Jahre dabei, und es ist kein Ende abzusehen. Jede Show muß anders sein! Nicht ein einmal gefundenes Ding weiterrattern, bis die Luft rausgeht, und nicht zu seiner

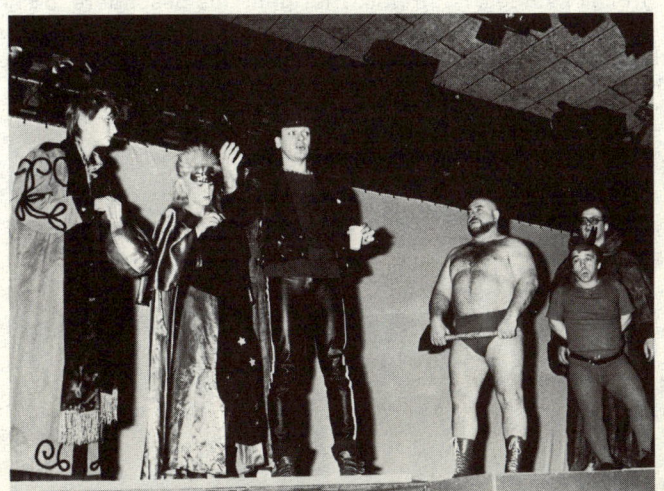

P
R
O
B
E
N
.
.

eigenen Karrikatur werden. Immer wieder überraschen, und den Joker aus der Tasche ziehen.

Manchmal ist es nicht ganz einfach, weil es 'ne Menge Fans gibt, die stehen hauptsächlich auf meine alten Songs, die brauchen die Überdosis, Rudi Ratlos, Rock'n Roller und Bodo Ballermann a gogo! Dann gibt's wieder die Heavy Metal Fraktion und neuerdings auch so Leute, die meine experimentellen Versuche an den großen alten Vorgaben der Berlin-Songs aus den 20er Jahren am besten finden, Abteilung: Hermine-LP. Das Publikum ist total gemixt, vom Kleinkind bis zum Ur-opa, und das Embryo ist auch schon dabei.

Vom Malocher bis zum Nobelpreisträger, vom Dachrinnendichter bis zum Literaturprofessor, vom Einzeller bis zum Endloszeller.

Absolut buntes Panikpublikum. Eigentlich genauso wie unsere ganze Firma, die große Wundertüte. Find ich auch viel besser so. Zielgruppen haben mich noch nie interessiert. Menschen kreuz und quer, hin und her. An dieser Stelle mein Kompliment an's Publikum. Unbeirrbar gehen sie seit Jahren zur Stätte der Offenbarung, lassen sich nicht verunsichern durch Massivmaßnahmen seitens der Schlager- und Discoindustrie, von der die Gehirne zugeplättet und das Einschmierolin für die Denkzellen verteilt werden.

Wenn ich mir das Publikum so anschaue, denke ich oft, die Halle ist nun nicht mehr diese schnöde, kalte Viehauktions- oder Sportanstalt. Nein sie verwandelt sich in einen Tempel, und ein großes Lichtfest ist in ihm. Hier geht das Besondere, das kostbare Wort ab, und zu dem unsere Inszenierung und die himmlische Musik der Panikband. Ist schon ein richtig geiler Beruf. »What more could I ask for?«

Ich hab das große Privileg, von Beruf »ich selber« sein zu können. Ja, meiner Familie, meinen Freunden und allen, die mir geholfen haben, sag ich voller Dankbarkeit und Stolz: »Ich hab' es geschafft. Ich bin von Beruf Udo Lindenberg. Meinen Job gibt es nur ein einziges Mal auf der Welt.« Ich kann von Beruf »ich selbst« sein. Ich kann machen, was ich will. Ich brauche keine Künstlernamen.

Ich habe keinen Manager und keinen, der mir irgend etwas erzählen kann. Über mir ist nur der freie, blaue Himmel und das deutsche Finanzamt. Jeder müßte so leben können.

Aber viele meiner Freunde und Fans können sich leider noch nicht hinstellen und sagen: »Labern Sie mir nicht in mein elegantes Ohr, kotzen Sie sich lieber auf der Toilette aus. Und wenn Sie jetzt sagen, in Alaska stolpert der Hundeschlitten, dann back' ich mir da auch ein Ei drauf . . .«

An dieser Stelle wünsche ich jedem Autonomiestrebenden, daß er seinen konsequenten Weg hinkriegt. Mit diesem Buch wird er es schon managen.

Apropos Manager. Ich hab es nie für erstrebenswert gehalten, mir von anderen Leuten meine Termine machen zu lassen und erzählen zu lassen, wie dies oder jenes zu schaukeln wäre. Ich habe gern selber alles im Griff und bin da lieber mein eigener Kontrolletti und Zeremonienmeister.

Natürlich habe ich viele Geheimräte gehabt und habe sie noch. Ein Kreis von erlauchten und hochbegabten Verrückten, die meine Denkspiele mitspielen und mir folgen auf dem manchmal schweren Weg der Wahrheitsfindung.

So'ne Art daddymäßiger Freund und Berater ist Fritz Rau für mich, der auch die allermeisten meiner Tourneen veranstaltet hat. So'n bißchen der Übervater, der Pate hoch zwei. Schon lange dabei, der Überfuchs. Ein weitgerittener Indianer und 'n echter großer Impressario. Jemand, der nicht nur Eintrittskarten verkauft und empfiehlt, in welcher Zeitung man da jetzt mal 'n Interview macht, sondern einer, der mit dem großen panischen Geiste tief zu tun hat.

Jemand, der sich einklinkt, wenn 'ne Show inszeniert wird, auch was ideologische Unter- Rück- und Überbaugestaltung betrifft. Ein Mann mit großer Leidenschaft für Wort, Musik und Theater. Fritz Rau steht dann da am Bühnenrand und weint wie'n kleiner Junge, wenn ich seinen Lieblingssong »Bis ans Ende der Welt« singe, dann umschließt seine starke Hand das sanfte Händchen seiner Gattin Gisela, und ein Mann schüttet sich aus vor Rührung. Gisela putzt ihm die Tränen ab und sagt: »Don't Cry for me Argentina!«

Fritz ist ein Mann, der genauso wie ich den großen Maggi-Würfel in der Tasche hat, den von **Magie und Alltag,** und der große Spirit, sogar ohne Spirituosen. Fritz hat sich gemeinsam mit mir in die waghalsigsten Abenteuer gestürzt. 'ne Tour wie die Drönlandshow hat 'n paar Millionen Mark Produktions-Asche gekostet, und diese Kohle will erst mal rausgerissen werden. Wenn man dann einen Igel in der Tasche hat, sieht es schlecht aus.

Mutig kauft der Zocker Chips in Millionenhöhe und schmeißt sie auf den Spieltisch der Konzertsaison, und erfreut tut er sich die Chips dann am Schluß wieder in die Tasche und ein paar

Millionen mehr. Aber soviel mehr war's gar nicht. Unsere Produktionen sind extrem teuer.

Und wenn ich heute ein recht wohlhabender Mann bin, dann hängt das mehr mit meinen Einkünften als GEMAgologe und Schallplattennachtigall zusammen als als Bühnebretterspringer. Aber immer viel, viel Spaß gehabt und live dabei. Und große Zeiten!

Nicht vergessen will ich an dieser Stelle Johnny Controletti, Hans Werner Funke. Ein Mann, der – als es mit der Andrea Doria gerade losging und noch keiner wußte, ob sich das Ding nicht vielleicht ganz schnell wieder in ein U-Boot verwandeln würde, einen Optionsschein bei mir für viel Geld gekauft hat. Hans Werner Funke hat die ersten vier großen Tourneen gemacht. Ein couragierter junger Hanseat mit Stechschritt nach vorne, von der Firma »Preiswert & Kostenbewußt«. H. W. Funke hatte seinerzeit zu Hause eine ganze Igelzucht in der Tasche und dennoch, die nötigste Kohle hat er rausgetan, um die Touren klarzukriegen. Ich blicke hier zurück ohne Zorn, wenngleich wir auch manche Krise durchwütet und durchlitten haben. Trennungsstreß, ganz normal. Bißchen wie in der Ehe, wenn Leute sich trennen. Dann fliegt halt das Geschirr am Hut vorbei, dann nannte ich ihn einen hoffnungslosen Dr. Sparbier in Tüten, und die Boulevardschmierer schieben das dann auch noch mal zehnfach nach oben. Skandale und Randale! Aber auch mit Hans Werner Funke war's 'ne große Zeit. Junge Talente, die wir ewig sind, gucken sowieso hauptsächlich nach vorne.

Neulich war ich mal wieder in Amerika
und da traf ich einen Herrn von der Mafia
er lud mich ein in ein Makkaronirestaurant
und ich dachte o. k., gehst mal mit
Vielleicht wird das ganz interessant
Er sagt: Ich heiße Jonny Controlletti, Buon Giorno, Signor
Ein kurzer Wink und 'ne schwarze Limousine fuhr vor
und später saßen wir da in der Chicago-Bar
und nach jedem Glas Chianti
rief er: Hallo Ober, noch 'ne Ladung
und zwar avanti, avanti
Und dann packt er sich das Glas, das volle
und sagt: Alles unter Kontrolle.

Er hatte 'n Streifenanzug an
und Gamaschen wie Al Capone
und die Beule in der Jacke, die kam von der Kanone.
Dann wollte er noch wissen,
wie's denn überhaupt so wäre
mit dem Showbusiness in Deutschland
und speziell auch mit meiner Karriere
ich sag: Ich mach da grad so'n Ding
mit 'ner höllisch heißen Panik-Band
und Jonny Controlletti
übernahm sofort das Management.

Er sagt: Si, si Senior
wir machen das perfekt und schnell
die Jungs vom Syndikat sind enorm professionell
Und so saßen wir da in der Chicago-Bar
und er sagt: Alles klar, mein Bester
ich mach dich über Nacht zum Superstar
dich und dein Katastrophen-Orchester
Und dann reicht er mir das Glas, das volle
und sagt: Alles unter Kontrolle.

*W*enn du auf Tournee bist, dann gibt es natürlich auch noch die ganzen örtlichen Großindianerhäuptlinge, die sich an der Stätte der Tat um alle Vorbereitungen des Großereignisses kümmern. Hermjo und Rüdiger, Mathias und Peter, Laudi und Hans-Peter, und Michael Gehrke, unser Busstewart, von dem der orientierungswürdige Spruch kommt: »Wie, das geht nicht? Geht nicht, gibt's nicht, haben wir aus unserem Vokabular gestrichen!« Und Don Alfredo, der Millimeterbusfahrer, der sich unter anderem durch sehr gekonnte Fahrtechnik auswies und dazu in der Lage war, rückwärts über'n Stolperstein in die Halle einzuparken, ohne daß die Sektgläser in der Buskombüse umfielen. Außerdem war der vielseitig verwendbare Alfredo dann auf der

K.
KAUROFF

Bühne als Affe tätig und zwar so, daß ich gedacht habe: Es laust!
Ja, diese wunderbare Jekami-Bühne (JEder KAnn MItmachen),
dieses grenzenlose Kolosseum, wenn sich die Gladiatoren auf
der Panikbühne treffen, bis hin zu Frank Loef, dem Löwen aus
dem bayrischen Wald. Vielen kostbaren Beknacksten bin ich begegnet auf der Bühne, es war eine Flut der Fantasie, die kein
Ende nahm.

An manchen Winterabenden, wenn draußen der Schimmel-
reiter vorm Friesen-Haus vorbeizischt, wenn der blanke Hans die
Scholle abgräbt, dann vermöchte ich wohl meine Füße in den
Kamin zu stecken, und weitererzählen würd' ich euch die frohe
Kunde, endlose Geschichten vom Wienerwald bis zum Wester-
wald. Und auch im Odenwald, da blieb der Hoden kalt.

Bestimmt habe ich einige Großmeister vergessen und ihre
Namen hier nicht genannt. Mögen sie nachsichtig sein. Von Zeit
zu Zeit habe ich meinen Memoryschalter auch nicht richtig
durchgeölt.

Die Geschichtsschreiber mögen in angemessener Weise nach-
tragen. Die Fans von Brunsbüttelkoog bis Idaho, die wissen es ja
sowieso.

Moment, an dieser Stelle muß ich das Buch für eine Sekunde
unterbrechen. Soeben ereilt mich der besorgte Anruf des besorg-
ten Verlegerrepräsentanten Michael Görden. »Junger Literat«, so
spricht er zu mir, »du Hühnerfuß und Ertelmann, gesponsort
durch Herrn Bertelmann, schreibe weiter – schreibe fort – eine
Million für jedes Wort. Aber zähle nicht nur Namen auf!«

Der junge Schriftsteller kratzt sich am dritten Auge und ver-
weist an dieser Stelle, nicht nur um das Buch zu füllen,
sondern auch um in Sachen Wahrheitsfindung weiterzukommen,
noch einmal auf Fritz Rau.

Wir hatten sofort so 'ne Seelenverwandtschaft, wie man sie mit-
unter mit völlig fremden Leuten erleben kann, denen man just
begegnet. Fritz und ich haben von Anfang an eine Art Vater-
Sohn-, aber auch eine Soulbrotherbeziehung gehabt. Fritz Rau
hat sich stets in sehr korrekter Weise um mich gekümmert. Auch
zu Zeiten, als meine Karriere nicht immer oben war. Vor einigen
Jahren schrieb er ein Buch mit dem Titel: »Buchhalter der
Träume«; mir hat er ein ganzes Kapitel davon gewidmet, und
wenn ich Teile dieses Kapitels als Gesamtzitat hier übernehme,
dann danke ich Fritz gleichzeitig für die Freundschaft und den
Respekt, den er mir über die Jahre immer wieder, oft auch in
ganz kleinen Details gezeigt hat. Fritz Rau:

*Beim Nachdenken über mein Verhältnis zu Udo Lindenberg
fällt mir ein Vergleich mit Albert Mangelsdorff ein, weil beide
die Fähigkeit haben, im Duett mit sich selbst zu spielen. Udo ist
wahrscheinlich der beste Balladensänger, den es in der Rockmusik gibt. Er singt die langsamen, erzählenden Songs gar nicht so
gern. Aber er hat in diesen Liedern die Fähigkeit, Zärtlichkeit
optimal in Gesang umzusetzen. Davon bin ich berührt.*

*Zudem hat Udo die Fähigkeit, Menschen durch Zuwendung für
sich einzunehmen und sie für sich wirken zu lassen. Er schafft
keine Abhängigkeiten, indem er Kommandos gibt, sondern indem
er einem den Eindruck vermittelt, in diesem Moment der wichtigste Mensch auf der Welt zu sein, ohne den er die nächsten
Stunden nicht überstehen könnte. Er fordert in mir ohne Unter-
laß den Beschützer und Ratgeber heraus. Ich kann nicht beurtei-*

len, ob meine Ratschläge für ihn tatsächlich so wichtig sind, aber er gibt mir dieses Gefühl.

Unsere erste gemeinsame Tournee war im Dezember 1978 ›Panische Nächte‹. Dafür haben wir einen prozentualen Abschluß mit Garantie ausgehandelt. Das nächste sollte, ein Jahr später, die ›Rockrevue‹ sein, für die wir Peter Zadek als Regisseur gewonnen hatten. Eines Nachts ruft mich Udo an ›Ist Dir auch klar, daß diese Sache sehr teuer werden wird?‹ Das war mir durchaus klar, obgleich sich Peter Zadek später sehr kostenloyal verhalten hat. ›Nun gut‹, sagte Udo, ›das ist eine Situation, in der ich keine Garantiesumme haben möchte. Diese Tournee erfüllt mir einen Traum. Ich schlage vor, daß wir uns den Gewinn, aber auch das Risiko teilen.‹ Dieses Angebot hatte mich völlig fertig gemacht. Als Höchstes kann ich von einem Künstler erwarten, daß wir uns am Ende einer erfolgreichen Tournee den Überschuß teilen. Aber daß ein Künstler nicht nur auf die Garantie verzichtet, sondern auch noch mit ins Risiko geht, war mir mein Leben lang noch nie passiert. Die Show wurde in einem Proberaum in der Nähe von Hamburg einstudiert. Ich flog morgens von Frankfurt nach Hamburg und hatte eine Retourbuchung für den gleichen Abend um 19 Uhr. Ich bin auch um 19 Uhr zurückgeflogen, aber erst vier Wochen später, als die Tournee vorbei war.

Udos Mutter war zu dieser Zeit schwer krank. Sie hatte Krebs, und Udo hatte sie zu sich nach Hause geholt. Sie war die wichtigste Bezugsperson in seinem Leben, und ihr Siechtum belastete ihn schwer. Als ich Udo zur Probe abholen wollte, hatte er überhaupt keine Stimme. Ich hab' ihn zum Arzt gebracht. Nach

der Probe gingen wir wieder ans Krankenbett, und als die Mutter
dann spät nachts Schlaf fand, auf den Kiez – nach St. Pauli. Da
gab es unmittelbar neben den gemütlichen kleinen Puffhäusern
der Herbertstraße die Kneipe ›Chicago‹, ein höchst ehrenwertes
›Hangout‹ für Nutten, die gerade mal Pause machten, und ihre
Pimps. In diesem ›Chicago‹ war gelegentlich die Hölle los, meistens nach zwei oder drei Uhr morgens, wenn Bernie Schult, ein
Kiezpianist, dort die heißesten Rock Jam Sessions organisiert
hatte. Eric Burdon röhrte sich animalisch die Seele durch die
Kehle, und Udo trommelte bis zum Morgengrauen wie ein Besses-
sener. Er arbeitete in dieser und manch anderer Nacht seine Pro-
bleme ab. In seiner Angst, seiner Hilflosigkeit und seinem
Schmerz um die Mutter total in sich gekehrt: der einsamste
Schlagzeuger der Welt.

Udo ist ein Mensch, der Verpflichtungen vermeiden möchte
und in seiner Flexibilität seine Umwelt manchmal zum Wahnsinn
treibt, aber er hat andererseits ein ungeheuer ausgeprägtes Ver-
antwortungsgefühl. Ich merkte an diesem Tag und in dieser
Nacht, daß es ihn zwischen der Tournee und der Mutter fast
zerriß. Irgendwann sagte ich: Mach dich nicht verrückt, ich bleib
bei dir, ich flieg erst morgen, und ging ins Plaza Hotel Hamburg,
verschwitzt, ungewaschen, ohne Gepäck, als es schon hell
wurde. Udo hatte mich zwar eingeladen, bei ihm zu übernach-
ten, aber da war die kranke Mutter, die ihn brauchte. Tags
darauf habe ich meinen Rückflug abermals aufgeschoben. Ich
liege in meinem Hotelzimmer im Bett, als die Tür zum Nebenzim-
mer aufgeht. Da war Udo eingezogen. Er hatte zu Hause eine

PROBE

GÖTTERDÄMMERUNG

Tante einquartiert, die für Udos Mutter sorgte, und er wollte in meiner Nähe sein. Weil ich Dunkelheit seit meiner Kindheit nicht vertrage, lese ich immer beim Einschlafen ein Buch oder eine Sportzeitung, bis sie mir aus der Hand fallen. Dann brennt immer die Nachttischlampe. Jede Nacht kam Udo leise ins Zimmer, nachdem ich eingeschlafen war, und löschte das Licht. Udo hat auch morgens das Frühstück bestellt. Es klingt vielleicht lächerlich, aber er hat vor der Rock-Revue Tournee in Hamburg mehr für mich gesorgt als ich für ihn.

Ich hab dann die ganze Tournee mitgemacht, hab' Queen, Frank Zappa und viele andere vernachlässigt, aber ich glaube, wir haben mit dieser Rock-Revue ein bißchen Musikgeschichte geschrieben. Daß es in den Feuilletons der großen Tageszeitungen plötzlich doppelt soviel Platz für die Rockmusik gab, war einzig und allein das Verdienst von Udo Lindenberg. Dabei haben ihm der Name und die Leistung von Peter Zadek enorm geholfen. Daß sich ein Theaterregisseur wie Zadek, mit seinem Ruf als genialisch-spektakuläres enfant-terrible der Bühne, in die vermeintlichen Niederungen der Rockmusik begab, war für uns eine sehr hilfreiche Sache. Darüber hinaus aber hat er Udo Lindenberg kräftig das Bühnenhandwerk beigebracht. Das Schönste für uns war, daß Zadek nach dem Premierenkonzert zu Udo sagte: ›Du bist saustark, und es macht mir Spaß in eurer Truppe zu sein!‹-

Zu den großen Vorzügen von Udo Lindenberg, die man psychologisch gar nicht überbewerten kann, hat immer gehört, daß er sich mit der besten gerade verfügbaren Mannschaft umgibt. Das ist in der Öffentlichkeit manchmal mißverstanden worden.

HANNES B.

Er hat Eric Burdon in seine Show geholt und ihm im besten Teil seines Konzerts drei Songs zugestanden. Darunter war Eric's berühmtes ›House of the rising sun‹ – drei Überflieger. Aber Udo beherrscht in seinen Konzerten durch Körpersprache total das Bühnengeschehen. Er ist ein Karajan der Rockmusik. Jeder in der Show weiß das. Daß er kreative Menschen zu seinen Gunsten benutzt, mag durchaus stimmen.

Er verschweigt aber auch nicht, wer ihn inspiriert hat, und er macht sich nicht an großen Namen fest. Ulla Meinecke zum Beispiel hat er als blutjunges Mädchen gefördert, als sie noch keiner kannte. Der Text ›Bis ans Ende der Welt‹ stammt überwiegend von ihr. Er ist großartig. Aber Ulla mußte zunächst einmal eine Chance bekommen, ihn zu schreiben und vor allem auch im Studio aufzunehmen. In solchen Fällen bedeutet der Name Udo Lindenberg viel für die deutschen Musikverlage und Schallplattenfirmen. Udo hat mir den Mut gegeben, auch in künstlerischen Bereichen kreativ zu denken. Nicht mehr nur als Kaufmann, als Buchhalter, PR-Mann oder Tourneeplanstratege, sondern auch mal im Proben- und Plattenstudio zu sagen ›Hey Udo, das gefällt mir, und das gefällt mir nicht.‹«.

Es freut mich zu lesen, wie Fritz Rau unsere Beziehung in dieser Form zum Ausdruck gebracht hat.

Immer wieder wenn die Sonne der Kultur niedrig stand und selbst kürzeste Zwerge lange Schatten an die Wand warfen, dann hab ich halt Djangomäßig wieder was aus der Tasche gezaubert.

Eric Burdon haben wir eingeladen nach Deutschland, und das Animal ging wieder richtig ab. Helen Schneider, Bea Reszat,

NANNINI

Anke Wendland, Gianna Nannini, Inga Rumpf, Lisa D'Albello – die »Rockladies« wurden erfunden, als erste große Gegenoffensive gegen tittenschleudernde Disco-Enten a la »Samantha Fox on the Rocks« und Sabrina mit der Hühnerbrust aus China, Tausend Phon und Sillicon und die Leihstimme von »Stock, Atkins & Watermann«.

Ulla Meinecke, Jutta Weinhold und Ingeborg Thomson haben sich echt ihre Seele rausgeschrien und gesungen, daß sich mir die Hutkrempe verbog und sich die Fußnägel nach oben kringelten. Alles angereichert durch den jerichomäßigen Posaunensound des Peter Herbolzheimer und seiner Pustefixbläserband, und dann Alla Pugatschova, die Gigantin aus Rußland, zu der wir später noch kommen werden. Unvergessen auch meine unbeschreiblichen Paniksöhne Hauden und Lukas.

Ein freischwebendes Spontanorchester waren wir immer. Da kommen die Kumpels, und da gehen sie wieder, und das muß man respektieren, denn es gibt kein Gesetz, nach dem sich Musikanten parallel weiterzuentwickeln haben. Mancher bevorzugt es, einen anderen stilistischen Weg einzuschlagen.

Wir sind Rock 'n Roll Zigeuner

ein Zuhause haben wir nicht

wir sind so Easy Rider und Rumstreuner

stehn auf Heavy Rock – Schwergewicht

jeden Tag 'ne andere Stadt

der Bandbus setzt sich in Bewegung

ob die Kripo da wohl wieder 'n Haftbefehl hat

wegen Erregung öffentlicher Erregung?

Wenn die Heizer kommen und total aufdrehn

als ob sie nicht von dieser Welt wärn

und es den Müttern mal wieder nicht gelungen ist

ihre Süßen einzusperren

wenn die Heizer kommen und rocken und rollen

bis zur vollen Hysterie
dann laden wir euch neue
Power in die Batterie.

Baby heute sind wir wieder in
Eurer City
als wir uns hier zum ersten
Mal trafen,
sagte ich: Nein, Nein und
nochmals – ja, man kann ja
mal drüber schlafen.
Heute bringst du einen Freund
mit – ich find den Spitze und
das merkste
du findst das komisch, na und?
Bi ist sowieso das Stärkste.

In welcher Stadt sind wir
heute?
Weiß nicht, ist auch völlig egal
Hauptsache, es gibt hier 'ne
Bühne
und 'n knallvollen Randale-
Saal
wir sind Rock 'n Roll Zigeuner
wenn du 'n Gypsy ohne
Heimat bist
bist du immer da zu Hause
da, wo grad der Larry los ist.

We proudly present:

Die erhabenen Musikanten der »El Panico Band«: Bertram Engel, der Oberschläger am Panikschlagzeug, der große Blonde mit den schnellen Füßen, der gutaussehende Schlagzeuger mit der kessen Lippe, und er spielt so zuverlässig, daß du ihn bei Lloyd billig versichern kannst.
Steffi Stephan, der in seiner Nebeneigenschaft als Orchesterleiter die Bande unter Kontrolle hält und am Baß so motorradmäßig spielt, als hätte er einen Beratervertrag mit Motoguzzi.
Hannes Bauer, ein über die Maßen liebenswerter Chaot, der Gitarrist, der aus dem Sudfaß kam.
»Kratzfest« – Jean Jacques Kravetz – dessen Pianistenfinger direkt an die Seele angeschlossen sind. Der Weltmeister am französischen Balladengeflügel.
Hendrik Schaper, der Schnellfinger am Computerkeyboard.
Karl Carlton, der deswegen so heißt, weil er als jugendliche Filzlaus mit 'nem geklauten Scheck drei Tage die Präsidentensuite des Carlton in Cannes okkupiert hat.
Paulinchen Vincent, der sensible Gitarrenweltmeister aus München-Sanfthausen.
Und unvergessen, Thomas Kretschmer, der Tiger von Eschnapur auch am Sex-Saiten-Instrument tätig und richtig aufdrehen, radikalinskimäßiger Hardrock, und das Blaue vom Himmel runterspielen, und die großen Schwielen an den Fingern und Narben an der Seele.
Und Keith Forcey, der spätere Billy-Idol-Producer in L.A., am Schlagzeug.
Und Gebhard Gloning und Jim Fox und so viele andere, die wir hier aus vertraglichen Gründen nicht nennen dürfen.

*J*n den Studios, bei den Plattenaufnahmen, ist es natürlich auch ganz kraß. Da ist mein Leibarzt Dr. Chicago und fragt mich: »Wieviel B 12 soll ich denn schon mal kaltstellen, und wo wird die nächste Platte nun gemacht? Wieder in Rio oder in New York, wieder in Nassau auf den Bahamas oder in (schön wär's ja) Ostberlin?«

Oft fahren mein alter Freund, der Kinderarzt Dr. Bernhard Tebbe-Simmendinger aus Krefeld-Uerdingen und ich dann in die große weite Welt hinaus und checken die Studios durch in Miami oder in Tokio. Wir prüfen das gesunde Brutkastenumfeld, die diversen Serviceleistungsmöglichkeiten für alles, was im Leben wichtig ist, und die 64-Spurmäßig ausgelegten Reflexomono-stereo-Digital-Facilitäten mit der zweifachen Hallrückverzögerung im Mehrwertsteuerverfahren streng aphexmäßig gesehen. Wenn dann alles gecheckt ist und die Plattenfirma ist mutig genug die lange Kohle wieder rauszureißen, wird das Trojanische Pferd durchgeladen und Lusthansamäßig zwecks Hitfindung in die Ferne geflogen.

Mit gewetzten Trommelstöcken und gestimmten Gitarren reitet das Panikvolk in die Exotenwelt ein, um eine neue Platinplatte einzuspielen oder mindestens »Doppel-Gold«. So treffen wir dann die jeweiligen ein- oder zweiheimischen Soulexperten, um mit denen gemeinsam dann kartelltechnisch abgesicherte Fusionstätigkeiten zu bewerkstelligen.

Wir saßen schon mit mancher Samba-Band in Busio, Südbrasilien, und den freundlichen Oberkiffern von der Montego-Bay am Jamaika-Strand, wo man da im Sand den Hit erfand. Oder im »Power Station Studio New York«, wo die Songs »Straßenfieber« und »Grande Finale« entstanden, mit Dave King, einem meiner treuesten Groß-co-producer über all die Jahre. Der »Sonderzug« war auch von ihm.

Oder zuletzt in London, an der Megawattkarriere arbeitend, mit Zeus B. Held und Dr. Königstein, die »Casa Nova«-Platte, mit der ASWAD Band aus den West-Indies und dem Scratcher Champion »Cesare« und dem Junior Rapper »Sheriff« und der gerade wieder in England weilenden Cosmosverwandten, meiner alten, ewig jungen Freundin Nina Hagen, die ich immer wieder über alles verehre. Windig, wendig und flexibel muß die Paniknachtigall sein, um immer wieder einen neuen Regenbogen zu errichten, der die Welt illuminieren wird. Der Regenbogen im Gezeitenspiegelei... Wehret dem Krautrock bei Zeiten und immerdar.

Wenn im Studio dann die Playbacks vorbereitet sind, der rote Teppich gelegt ist, der Kopfhörer kompatibel eingestellt und im sogenannten »rough-mix« meine Lieblingsvioline bereits die korrespondierende Funktion einnimmt, schreite ich ans Mikrophon.

Ich pflege stets sämtliche Gummis und Schallschutzdämpfer vom Mikrophon zu entfernen. Ich bevorzuge es, hautnah und gefühlsecht zu singen. Mit forschem Schritt nach vorne versenke ich mich in die Tiefe meiner bizarren Seele und bin bereit, vom Kostbarsten zu geben.

Ich erhebe die Nachtigallstimme und da, ich höre mich nicht. Verrat, Verrat! Thomas Kuckuck legt mir das Kuckucksei und hat am falschen Knopf gefummelt. Thomas Kuckuck, in manchen Bereichen des Lebens als Widersacher und Nebenbuhler tätig gewesen, war der Mann, der meine ersten vokalistischen Glanz-

H.
H
E
N
L
E

D.
K
I
N
G

übungen in das rechte akustische Licht zu setzen vermochte, und dann find' er den Knopf natürlich doch wieder. Und ich singe mit gänzlich ungeübter Stimme das Lied, das uns die Schuhe auszieht. Ich brauche wenig Hall, ich bevorzuge meine Stimme unverfälscht. Ich verzichte auf schnöde Techniktricks, denn nichts ist so sauber, so liebreizend und so wunderschön wie die Nachtigall pur und ohne Gummi.

Die Popratte singt den deutschen Soulgesang und freut sich, daß sie sich nie durch Gesangsunterricht die Stimme hat verbiegen lassen.

Acapella, Tremelo und besonders langes Luftausatmen, zwei gestrichene Timbre von der Musikhochschule und die Atemgymnastik mit der Didaktikschraube. Nein, danke, nicht für mich.

Die Nachtigall klingt nach Salz und Teer und Seefahrt, sie klingt nach dem Schmutze der Straße, dem Talk of the Town. Sie klingt wie der Detektiv, der soeben den Fall gelöst hat und nach vielen rauhen kalten Nächten an der Ecke am Lagerhaus den leichten Röchelschleier auf der Bronche hat. Wegen Nässe und Nebel, wegen Wind und Wetter, sehr vielen Zigaretten und nicht zu knapp, der Whisky. Wenn sich während meiner gesanglichen Tätigkeit das Räusperhustsymptom einstellt, so pflege ich entweder zu einem Johanniskraut-Tee oder wahlweise einem alkoholischen Getränk zu greifen, um meine Stimmgabel in angemessener Weise durchzugurgeln. Der Gurgeleffekt ist für viele Sänger von ganz außerordentlicher Bedeutung. Es soll allerdings auch schon Sänger gegeben haben, vor allem englische, die sich durch zuviel Gurgelei die soeben glänzend begonnene Karriere

sofort wieder weggegurgelt haben. Die richtige Dosis ist hier
schon von einigem Belang.

Das Playback macht klingeling, es weihnachtet sehr, und die
Bescherung ist vorbereitet. Ich singe, und dann, wenn ich mich
im Kopfhörer höre, kann's schon mal passieren, daß ich nach der
zweiten Strophe anfange zu heulen. Ich bin selber ganz gerührt
von meinem Gesang, dem Wohlklang meiner Stimme.

Hinter meiner dunklen Sonnenbrille brechen die heißen Tränen
der Ergriffenheit hervor. Ich schluchze wie ein kleines Baby,
großer Frosch im Hals, und die Tränen rennen mir runter an
meinen Glencheckgummihosen bis auf die Blue-Suede-Shoes. Im
Regieraum entsteht Stille, und heimlich wird solidarisch mitge-
flennt. Welcher Mann mag schon ganz öffentlich und zugegebenermaßen weinen und die Signale seiner Seelensensoren unge-
schützt dem erkennenden Auge des Kompagnons offenbaren?

Alles weint, und ich lege mich erstmal zum Relaxen unter das
Klavier und denke über die Härte der Welt nach. Nach 17,5 Min.
Bedenkzeit hab ich mich wieder so weit im Griff, daß ich weiter-
jodeln kann.

*E*ine Erfahrung, die ich in letzter Zeit häufiger gemacht habe,
die ich der Anregung von Horst Königstein verdanke, ist es,
auch mal, als singender Schauspieler verkleidet, das kostbare
Wort darzubieten. Wir stellen das Licht auf ganz leise, und die
Musik auf ganz laut. Wir bauen eine Meditationsschonzeit ein,
und dann gleite ich dem magnetophonischen Aufzeichnungs-
knopf entgegen. Ja, ich spiele Rollen. Ich begebe mich in die Situation eines Exilanten, eines Auswanderers aus dem Nazi-

Deutschland und singe das Lied »Die Finsteren Zeiten«, nein, ich schreie das Lied heraus. Ja, lauter. Ja, ich begegne dem Menschen, der als Gesinnungsbruder das braune Deutschland 33 verlassen hat und nun in New York oder in Hollywood seine Wut rausläßt, seine Verzweiflung, aber auch seinen ungebrochenen Optimismus, daß wieder alles anders werden kann und muß.

Ich begegne Bertolt Brecht und Hans Eisler – Soulverwandte. Ich versuche deren Vermächtnis über alle Zeiten, Moden und Trends hinweg in die Zukunft zu tragen. Ich begegne aber auch den kleinen Strizzis und den Luden von den Wiener Bockwurstbuden, den Vorstadt-CasaNovas und fühle mich ihnen nah.

»An einer Bratwurstbude, an einem See bei Genf, da trafen sich die Spione und zwar bei süßem Senf und dachten nach: Über Watergate, Vietnam und Kiel.«

Ich begegne vielen Charakteren, fremden wie eignen. Ich begegne mir selbst, dem Kleinkind in mir, das trotzig ist und hilflos schreit. Ich bin ein Teenager-Träumer, der sich nach Jenseits von Eden wünscht. Ich begegne dem Manne, der ich jetzt bin, gelegentlich am Scheideweg zwischen Idealismus und Dekadenz, und dem alten Indianer, dessen Weisheit, das spüre ich ganz genau, schon in mir angelegt ist. Und diese Optionsweisheit empfinde ich als Verpflichtung. Jeder Song, den ich singe, ist ein Schritt nach vorn.

Der wunderbare Sound der Ströer Broth., Hansi und Ernst, beflügelt mich zu immer neuen Hochsprüngen beim Singen, und mein alter liebevoller Freund Horst Königstein lockt mich auf immer wieder neue Wege des sich Ausprobierens. Neue Herausforderungen in der Art zu singen, zu schreien, zu gestalten, zu expressieren. Ja, auch die Stimme ist eine Wundertüte, wie das Leben, wie ich, wie du, wie alles was es gibt: anything goes!

Und weiter geht die Reise, mit dem Versuch »Hinter den Horizonten« stets Neues zu entdecken. An meiner Seite stets Horst, der General, Manfred Lohse, Klaus Bohlmann, Mel Luker und Ralph Krause, Michael Müller, Jim Vox und Jürgen Koppers und all die anderen, die Geburtshelfer von prallen Songbabies waren, alles unsere Kinder.

350 Songs, sie sind unter Freude, Tränen und Leidenschaft auf diese Welt gekommen, und viele Naffels dieser Welt haben es bis heute nicht begriffen, daß es außer dem »Sonderzug nach Pankow«, dem »Horizont« und »Ich lieb' Dich überhaupt nicht mehr« noch ein ganzes Korallenriff voller weiterer Juwelen gibt.

Aber der gebeutelte junge Künstler ahnt schont, daß größte Ehre ihm wohl erst posthum zuteil werden wird. Nachträgliche Lob- und Heiligsprechungen, wenn ich dann in die ewigen Jagdgründe von Panikhausen übergewechselt sein werde, find ich aber ziemlich uninteressant. Mein nicht zu knapp ausgefallenes Postscheckkonto tröstet mich über die zu Lebzeiten nicht vergönnten Gratulationen und erkennungsdienstlichen Tätigkeiten der Versuchsintellektuellen-Elitezirkel hinweg. Aber ich singe hauptsächlich, und das weiß doch wohl jeder, nicht für die verbogenen Avantgardisten, von denen John Lennon schon mal gesagt hat: *»Avantgarde is just a french word for bullshit!«*

Ich singe für meine Kumpels in Geilenkirchen und für die, die's begriffen haben, in Dortmund-Applerbeck. Ich gebe meine Weltsicht kund bis zum Äußersten, wenn auch oft in kontroverser Weise, aber doch so, daß ich mir die Seele und das Hirn raussinge, bis daß der Nervenarzt mit dem Gabelstapler kommt und mich nach Fertigstellung einer Produktion in die nächstgelegene Intensivstation transportiert zwecks psychiatrischer Auffangbehandlung. Reanimation und Märtyrertum haben meinen Weg ständig begleitet.

Dieses Kapitel ist von ganz großer Wichtigkeit und verdient besondere Beachtung. Schon aus scheidungsrechtlichen Gründen. Wenn er etwa in California ansässig ist, muß sich der Popstar sehr genau überlegen, mit welcher Frau er sich für mehr als zwei Tage zusammentut. Denn die Hälfte des Vermögens kann auf der Stelle durchge-

Merkblatt 5:

Der Popstar, die Liebe und die Frauen

pfändet werden wegen Ehekündigung. Und der Anwalt holt sich seinen Zuschlag auch noch! Das ist die eine Variante.

Auch auf anderem Wege kann der Popstar durch Energie und Nervenverlust wegen der falschen Liebe zum Ruin gebracht werden. In Sachen Frauen muß der Popstar ganz wachsam sein, denn hier liegt große Gefahr, große Freude auch. Und unsere süßen Dröpse sind ja auch sehr unterschiedlich geraten. Und für differierende Verwendungszwecke. Der Popstar muß einfach, will er eisenhart und messerscharf drauf bleiben, wissen, wie er mit Frauen und der Liebe umzugehen hat.

Der gnadenlos sizilianisch ausgebildete Popstar legt Wert auf die Feststellung, daß er nicht, als Machosau verkleidet, Frauen in Madonnen und Huren aufteilen will, nur, oh Schmerz, es muß unter dem Aspekt seiner Kräteökonomie die Frau, zu der er sich dann radikal bekennt, diverse eher traditionelle Qualifikationen mit in die Ehe einbringen. Ohne ein sorgfältiges Studium an der Fakultät für gefühlsmäßige Energiewissenschaften kommt er nicht weit, und der Meisterbrief für souveränen Umgang mit Liebesangelegenheiten ist für einen Mann in seiner Position wichtigste Voraussetzung.

Der Popstar weiß, er muß stets die Sonne sein. Er muß die totale Power drauf haben. Er kann es anderen Menschen allen-

Merkblatt 5

falls gestatten, ihn planetenmäßig zu umkreisen. Selber darf er
nie in die Verlegenheit geraten, einen anderen Menschen als
Planet zu umkreisen und so in ihn schwächende Abhängigkeiten hineinzutrudeln. Nein, totales Autonomiestreben! Das ist
zwar hart, aber das kann man ja auch mal so sehen: Der
Popstar ist nun mal ein Sondervogel, und sein Beruf unterscheidet sich sehr von dem eines Lehrers oder Büronaffels zum Beispiel. **Der Popstar betreibt eben einen heiligen Beruf
und ist hehren globusumspannenden Aufgaben verpflichtet.** Ständig muß er auf Oberzack sein, sein Leben ist
stete Performance und Präsenz auf den Schlachtfeldern des
Ruhmes und der Gesinnungswissenschaften.

Ein Büronaffel hingegen, bei aller Wertschätzung, hat viel
Zeit mit seiner Frau zu Hause, die Basis der Beziehung stets
erneut und noch einmal im kuhmäßigen Wiederkäuerverfahren
durchzuerörtern und in gebotener Präzision weiter auszudisku-
tieren. Die Nerven, die der Büromensch z. B. am Tage während
seines Naffeljobs durchschont, kann er dann abends zu Hause
auf der Strecke lassen. Ist doch ganz logisch, beim Popstar ist
alles ganz anders.

Im allgemeinen lebt der Popstar irgendwann ganz dezent im
Bel-Air-Geheimtrakt von Attentäterwarnkameras umgeben und
Howard-Hughesmäßig abgeschirmt von der septischen Umwelt,
sich selber beobachtend über Video-Wände im Panikcolorver-
fahren. Er fühlt sich einsam.

Dann entscheidet er sich entweder für ein Äffchen, oder, was
noch schlimmer sein kann, für eine Frau – für eine Gemahlin.

Denn die Groupies sind ja draußen tätig, auf den Kirmesplät-
zen des Lapidarlebens, und zu Hause sitzt dann die Madonna.
Natürlich muß es eine echte Madonna sein – eine mit der
Unbedenklichkeitsbescheinigung vom CIA, denn ihr jederzeitig

Merkblatt 5

möglicher Absprung kann, wie wir ja nun schon wissen, im Be-
denklichkeitsfall zu einer unangemessenen Erhöhung ihres
Sparkontos bei der Erbschleicherbank führen. Das hätte der
Popstar nicht so gern.

Den Beweisbeleg für diese Breitseite des Lebens entnehmen
Sie doch freundlicherweise den Klatschspalten des »Hollywood
Reporters«. Elton John, teuer, teuer, Rambo an Brit so um die 5
Millionen und Mike Thyson an seine Tusnelda gleich fast 50
Millionen Dollar – cash! Aber nein, wie ich bereits anmerkte,
nicht nur aus Kohle-, sondern auch aus Nervengründen muß die
Frau, für die der Popstar sich entscheidet, aus allerfeinstem
Holze geschnitzt sein.

Ein großer Star ist nämlich stets auch ein sehr sensibler
Mann. Aufgrund seines aufreibenden Vorlebens (siehe vorange-
gangene Kapitel) hat er die Nervenstränge schon etwas dünne.
Er ist ein Mensch von unermeßlicher Seelentiefe, und die
Geister, die die abgedunkelten Räume durchwabern, sind die
Geister der Leidenschaft und der Schizophrenie. Der Popstar
darf, im Gegensatz zu anderen Berufsausübenden, niemals, und
auch nicht nur in geringster Weise, gestreßt ⟨———⟩
werden, denn er braucht seine volle Konzentration für die Vor-
bereitung seines nächsten missionarischen Großauftritts im
»Cesar's Palace« in Las Vegas oder im »Shea-Stadium« in New
York.

Wenn die Gattin jetzt beispielsweise kommt und ihn darauf
aufmerksam macht, sie hätte soeben im Fernsehen einen
anderen, auch nicht ganz so schlecht aussehenden Popstar
gesehen und sei drauf und dran, sich diesem fanmäßig zuzu-
wenden, stört ihn das, verständlicherweise, aufs Gröbste. Nein,
der Popstar ist, wie wir schon wissen, ein absoluter Narziß und
muß ja auch von sich glauben, daß er der Größte ist, weil er

Merkblatt 5

das sonst nächste Woche in Atlantic City oder im Münchener Olympia-Stadion nicht wieder so richtig rüberbringen kann.

Irgendwelche Attacken, die die Eifersucht des Popstars hochzwirbeln könnten, erscheinen unserem weltweiten Beratungsstab als gänzlich indiskutabel. Im Hause eines Popstars muß ständig die Spitze der Harmoniestrebung gefunden sein, und am besten stellt die Gattin jeden Tag symbolmäßig einen Weihnachtsbaum auf, mit frischpolierten Lüstern und parfümierten Kerzennadeln, denn der Popstar braucht das so. Zu Hause ist Weihnachten, und zwar jeden Tag, und draußen tobt der Krieg. Die Popstargattin genießt ein schönes und luxuriöses Leben. Sie knudelt mit ihrem kleinen Yorkshire-Hündchen, nimmt sich auch mal ihren Süßen zur Hand, oder wahlweise auch ein gutes Buch. Gelegentlich besucht sie auch unter dem Schutze kastrierter Bodyguards mal ein Theater, oder das eine oder andere Museum zwecks Weiterbildung, denn der Popstar will eine schlaue Gemahlin haben. Das steht ihm zu! Wenn sie es noch intellektueller wünscht, kann sie sich in feingeistiger Weise um die Erledigung seiner Autogrammpost kümmern.

Die Basis des Paares ist einfach sonnenklar, und gerne denken die beiden dann später, wenn sie sich am Mikrowellenkamin kraulen, an die wunderbare und wundersame Verlobungsreise nach Harlem zurück, dort wo der Popstar seinem jungen Drops einst erklärt hat, daß die »Straße der Herausforderung« auch früher immer schon an der 125ten Straße, wo sie sich mit der Amsterdam Avenue kreuzt, abgebogen ist.

Die Braut des Popstars trägt normalerweise immer ein blütenweißes Jungfrauenkleid, ein goldenes Kruzifix und einen silbergegossen-rischel-raschel-Rosenkranz in der Tasche. Während berufsbedingter Abwesenheitszeiten des Gatten trägt sie natürlich den schwarzen Trauerfummel. Die Popstar-Mutter, die von

Merkblatt 5

der Biersuppe auf Austerncremesuppe umgestiegen ist, und der Vater, der sich für eine halbe Million den Buckel wieder hat geradebiegen lassen, sitzen Oscar-stolzmäßig in der Kirche beim Vollzug der Trauung.

Und gleich zu diesem Feste, unter dem reh-äugigen Honigblick der jungen Starmadonna, wird dem Schwiegervater bereits am Trauungstag die Verwaltung der Kapitalliegenschaften in Honolulu »Sunshine Road« sowie die unter Verwaltungsstellung sämtlicher Grammys, Tonys und Oscars angetragen, inklusive des Putzens und Ölens derselben.

Der Popstar hat natürlich schon lange im voraus die Flitterwochen geplant. Hier empfiehlt sich eine einsame Südseeinsel. Taiti oder Samösa, um dort der Braut durch intensive Grundsatzgespräche noch einmal den letzten sizilianischen Feinschliff zu geben. Der Popstar läßt sämtliche Strände absperren und das Meer chemisch durchreinigen, läßt ein paar neue Dünen aufschütten, läßt Sandburgen und Traumschlösser wieder dekorativ herrichten. Er installiert zwei Superboxen, an Helikoptern befestigt, am Himmel schwebend, zur wohlwollenden Beschallung. Hier empfiehlt sich Griegs »Peer Gynt Suite Nr. 1 (Morgenstimmung)«. Täglich trifft ein Container-Flieger aus Kiev mit frisch geraspeltem Kaviar ein, wie auch die Concorde, direkt aus der Champagne, mit dem feinsten Prizzelwasser und den Weintrauben aus Piräus. Leibärzte und Bodyguards, Bedienstete aus allen erlesenen Bereichen des Lebens beziehen Unterkunft in der der goldgegossenen Bambushütte nahgelegenen Gesindevilla.

Bevor es nun zur Defloration der jungen Braut kommt, gibt der Popstar für sie noch das eine oder andere Kammerständchen am Klavier, um ihr noch einmal und unwiderruflich die Seele durchzutränken mit süßer Sucht der Gewißheit, daß auch

Merkblatt 5

ihre Entscheidung sowieso die einzig richtige war. Planmäßig erscheint der Vollmond nachts um halb eins und brät mit vehementer Schicksalskraft auf die beiden sich am Strande Vereinigenden hernieder.

☞ »Halt ein!«

Eindrucksvoll und bewährt ist auch noch mal ein an der Flutkante himmelwärts gerichtetes lautes Herausrufen der Basisgesetze dieser frischgebahnten Ehe. Mit goldenen Hämmern meißelt der Popstar die Gesetze der Familie in den Tropenhimmel, und spätestens jetzt begreift seine Ehefrau, daß der »Point of no Return« längst überschritten ist.

Das Kind, das in dieser Nacht gezeugt wird, soll einen großen historischen Namen tragen, mindestens so wie einer der Knöpfe aus dem Morgenland. David oder Ischariot, vielleicht auch Daniel oder Mohammed, Samson oder Delilah.

Am nächsten Morgen zwischen elf und zwölf hat die gesamte Weltpresse eine unkündbare Genehmigung, die zufrieden lächelnden abstehenden Ohren der frischgeschwängerten Gattin abzulichten, und die Photos werden sofort per Telefax und Pipifax an die Redaktionen der märchenhochzeitsgeilen Weltpresse weitergegeben.

Sollte der Popstar, in Absprache mit seinen Hausärzten, zu der Auffassung gelangen, daß die Kindwerdung im familieninternen Mutterleib mit einer Deformation der Außenhüfte verbunden sein könnte, so kann – aber das muß jeder Popstar aus ethisch-technisch-religiösen und moralischen Gründen selbst entscheiden – auch fertile Zeugung und Reagenzglasproduktion mit Leihmutterschaft erwogen werden. Die Aufzucht der Götterbrut im echten Mutterleibe wird jedoch gemeinhin für romantischer gehalten. Zurück in der Villa in Beverly Hills, geht das Luxusleben dann wieder seinen normalen Gang.

Merkblatt 5

Frau Wunderschön, kurz vor den Wehen. Kein Zigarettenrauchen mehr und Geburtsgymnastik für die junge Mama. Der Popstar, der in der Tiefe seiner Seele eine alte Ratte geblieben ist, geht nun wieder – da zu Hause das marathonmäßige Weihnachtsfest voll im Gange ist – auf die Straße raus, begleitet von doppelfunktionstüchtigen Verteidigungs- und Sexualtätern.

Ganz empfehlenswert, wenn auch nicht ganz billig, sind da der Weltmeister im Schwergewichtscatchen, Otto Wanz und der Europameister im Leuteplattmachen Klaus Kauroff, bewährte Kräfte, auf die der Autor an dieser Stelle gerne verweisen möchte.

Nun ist die Familiengeschichte erst einmal gut geregelt, und es wird lustig weitergevögelt. An sich weiß die Braut ja zu Hause über alles Bescheid. Sie wurde liebevoll und in rücksichtsbetonter Weise in die sizilianische Doppelmoralschine eingeführt.

Mit Details darf sie nun keinesfalls mehr belastet werden. Völlig klare Sache. Die Mutter seines Kindes muß nun, beschützt und unbehelligt vom dunklen Treibsand des Lebens und dem Schmutz da draußen, ihrer highligen Pflicht der Nachfolge-Sicherung nachkommen. Der schlaue Popstar weiß, daß ein totaler Rückzug ins Familienleben mit großem Karriereeinbruch verbunden sein kann. Also muß er sich weiterhin draußen im Lande bei der Kundschaft umsehen nach dem Motto: Hier macht's der Boß noch persönlich. Er bleibt ein kundendienstwohlgesonnener Held des Volkes und treibt seine frivole Triebtat weiter zwischen New Orleans und Alaska.

Mancher Leserin wird nun beim Lesen des Buches vor Entrüstung die Haarspange aus dem Dutt rausrutschen. Aber, es nützt ja nichts, so ist es eben. Der sizilianisch ausgebildete Superstar ist und bleibt halt leider ein Domo (Doppelmoralist).

Merkblatt 5

Er stellt sich aber keinesfalls vor die Weltöffentlichkeit und sagt, daß jeder andere auch so leben soll.

Popgötter sind strange und zumeist einsam. Und schwer erkennbar ist ihr Sein und Tun, ja schwer verfolgbar so mancher Weg, den sie zu gehen haben, schwer verständlich zuweilen für Repräsentanten der aufgeklärten Modern-Zeiten, diesen rastlosen Fürsprechern eines neueren Moralgefüges.

Bei mir ist es auch so, aber doch nun wieder ganz anders.

Merkblatt 5

Gern hab ich die Frauen geküßt und wußte oft nicht, wer nun welche ist. Manchmal haben sie auch geweint, jedoch hatt' ich es immer gut gemeint. Der Popstar ist ein schöner Mann und frauenmäßig sehr gut dran. Die Spermien fingen an zu schwärmien, und er ließ die Spermazocken rocken.

Zugegebenermaßen, ich war ein böser junger Mann, als ich zu erstem Ruhm gelangte. Von Entbehrungen und Verzicht war meine frühe Jugend geprägt, von Verhaltung zu Verhaltung und ständig gebremster Schaum. Da mußte noch einiges nachgeholt werden, doch im nachhinein wiederhole ich: »Die Frauen, die mir unterkamen, waren keine Groupies für mich. Stets hab' ich versucht, eine *Fünf* gemeinsame Ebene des höchsten gegenseitigen Respekts mit meinen Frauen herzustellen und zu leben.« Denn es ist wirklich abgrundtief erbarmungswürdig, wenn am nächsten Morgen ein frischgebumstes Mädel in der Ecke flennt und mich fragt, ob ich 'ne Knarre mithätte, damit sie sich mal eben schnell erschießen kann, wegen zuviel Trauer und zuviel Leid und alles andere als Weihnachtszeit.

Wenn so blinde kleine Faninnen erschienen, so völlig entrückt, so gänzlich entzückt, und wollten mit mir, dem Poster bumsen, denn den Menschen dahinter, den kannten sie ja gar nicht, dann hab' ich mich stets zurückgehalten und den Akt verweigert.

Ich hab an meinem Weg zwar manche businessmäßige Leichen liegen, Psychoterror etc., aber Leichinnen der Liebe sind nicht drunter, geknickte Seelenwracks habe ich nie zurückgelassen.

Stolz ging ich den Weg des eleganten Lüstlings, gepaart mit Intelligenz und Geschmack. Entgleisungen gab's selten. Ein Mann, den die Götter dazu verpflichtet haben, Menschen zu erquicken und Freude über das Land zu bringen, in vielfältigster Form. Ich war ein Botschafter der Nähe und der Verständigung, und nie habe ich Sexualität als etwas Dunkles, Schmutziges, Verbotenes empfunden, sondern als die wunderbare Möglichkeit, auf das geistige Verständnis zweier Menschen immer noch einen obendrüber zu legen.

In einer Welt voller Kriege und Tragödien habe ich es immer für wichtig gehalten, die Liebe zu feiern, wie auch immer sie geartet sei. Menschen habe ich geliebt, nicht nur Geschlechter. In einer Welt voll Prüderei und Zickigkeiten habe ich es für richtig gehalten, gesamtmenschliche Freundschaft zu feiern und die Herzen meiner Wandergenossen zu erfrischen. Gehetzt, gejagt, getreten wurde ich gleichsam von einer unüberschaubaren Armee von Triebtäterinnen, Frauen, die mich begehrten, und nicht immer konnte ich »Nein« sagen. Ich habe mich geziert, ich habe mich gewehrt. Zu Zeiten ohne Erfolg, selbst wenn sie nur meinen Körper wollten, »und meine Seele wollten sie nicht, und wieder trug ich das traurige Gesicht«.

Ein Mensch wie ich mußte das Leben kennenlernen, mit allen seinen Hotelzimmern, mit allen seinen Gebüschaktionen, mit allen seinen Badewannen und Flugzeug-WCs.

An meiner Straße die Motels, ich hab sie nicht gezählt. Wieviele Lailas haben mich geküßt und gequält?

Und doch: Unterm Strich sag ich heute, wir haben das alle richtig gutgemeint. Weltweit völkerverbindend, und in Malmö Nord, da lief es auch sofort, und dann traf ich sie in Gummersbach, und sie sagte: Ach, Ach, Ach. Ich hielt sie fest in Budapest. Und die Olga von der Wolga und der süße kleine Vopo mit seinem süßen kleinen Popo.

Ja, es waren viele Lieben bis heute. Viele weitere werden folgen. Aber die Liebe, die dir die Schleusen deiner Seele öffnet, und du strömst die gigantische Sehnsucht raus nach nur der Einen, der Einzigen, der Heiligen, und das Schwerefeld der Erde wird überwunden, und die Gesetze irdischer Vergänglichkeit werden außer Kraft gesetzt, und die große schillernde Leuchtkugel dieser außergalaktischen ewiglichen Liebe in der Hand der Götter hoch über den letzten Sternen... Solche Lieben gab es nur wenige, aber dazu später.

*N*och ist man ja ganz jung, ein bißchen durcheinander und gezeichnet von leichter Unschlüssigkeit. Was mein alltagsmäßiges Verhältnis zu Frauen generell angeht, so stehe ich einfach grundsätzlich sehr auf Juckreiz und Prickelfit. Und das finde ich auch sehr gut so, ein Kommen und Gehen auf dem Bahnsteig des Lebens. Die Züge fahren ein – die Züge fahren aus, und man sucht sich immer vom Feinsten raus. Bei den Damen mit gehobenem Anspruch, denen, die das besondere Modell bevorzugen, habe ich eigentlich immer schon ziemlich gute Chancen gehabt. Ich muß schon sagen, Popstar sein ist ein hohes Privileg. Zu gönnen wäre es jedem.

Allein der Frauen wegen hat sich mein Beruf schon gelohnt. Streckenweise, als ich ein noch jüngerer Mann war, mußte ich doch glatt ganze Wartelisten einrichten, um den Begehrlichkeiten meiner weiblichen Fans nachzukommen: Bitte warten, bitte warten, zur Zeit kein Nümmerchen unter diesem Anschluß. Aber so ganz kalt und robotermäßig irgendwelche hechel-hechel-Schnellbumsereien abziehen, hat mir nun wiederum auch noch nie gelegen, obwohl ich gerne zugebe, so'n Gejucke, das sich vom Knie allmählich bis in Hüfthöhe hochbewegt und dort partiell auch ganz besondere Sensoren in Mitleidenschaft zieht, das kann einen schon gelegentlich ein bißchen durcheinanderbringen: Doch, die Würde der Gespielin ist unantastbar.

Die Frauen wurden von mir immer ganz klar informiert über
das, was anliegt, womit man rechnen kann bei mir und was man
nicht erwarten sollte. Es gibt da völlig klare Schmuse- und Sexy-
Bekanntschaften, und da soll dann auch nicht mehr passieren,
und da will ich dann auch nicht zu einem riesigen Nachspiel
verpflichtet sein, so 'ner zärtlichkeitsbetonten Marathonstrapaze
durch die ganze Nacht, bis dann der Morgenmond wieder
durchscheint. Da wird dann einfach ein schönes Taxi bestellt, und dann soll sie auch wieder weiter. Dann muß ich
meditieren, oder schlafen, anschließend, denn am nächsten Morgen muß ich dann ja im Fernsehen auch wieder
richtig gut aussehen und fit sein. Vernünftige Gespielin-
nen verstehn das und machen mir dann keinen Streß. Tun
sie's doch, werd ich sauer und reiß die Karte von meinem
Anwalt Dr. Easymann raus – alle Kassen zugelassen.

Wenn ich verliebt bin, so richtig bis hinter die Ohren,
dann sieht's natürlich wieder ganz anders aus. Dann ver-
wandele ich mich auf der Stelle in einen kleinen Klamm-
meraffen und will die Frau dann nie wieder loslassen.
»Ach Du bist ja so'ne Süsse, vom Scheitel bis zu die Füsse«, und
Millionen Küsse mit dem Munde gemalt, ein Geknutsche, ein Gelutsche, ein Gepiepe, ein Gequieke, einfach rührend. Empfind-
lich, wie das klitzekleinste Kleinkind, die geringste Unaufmerk-
samkeit meiner Gnädigsten treibt mich sofort an den Rand des
Zusammenbruchs. Wenn dann das vereinbarte Telefonat nicht
rechtzeitig auf die Sekunde erfolgt, entwickle ich mich im
Schnellstverfahren zum Umzugsexperten. Möbel auf die Straße
und Fernseher eintreten.

Da kann man dann lange suchen, wo der Udo-Coolman abge-
blieben ist, stattdessen tritt auf ein junger Amokläufer, der nur
noch von ganz geübten Nervenärzten mit Professorentitel einzu-

fangen ist. Die große Liebe ist ganz schön gefährlich, finde ich. So'ne Droge, so'ne Sucht – und die Geliebte ist die Dealerin. Und wenn die mit dem »Stoff«, ihren Küssen und so, nicht rüberkommt, dann kriegst Du halt 'n Riesenturkey, so'ne krasse Entzugserscheinung, daß du jede Menge Beruhigungspillen schlucken mußt, oder dich bis an den Rande der Promillemessungslatte betäubungs-trinkermäßig hochballern mußt (aber bringt's das? Nee, auch nicht).

Nein, mit der richtigen großen Liebe kann ich nicht besonders cool umgehen, aber mit dem Problem bin ich ja wohl nicht ganz alleine. Gerade weil ich so'ne Angst hab vorm Ausgeliefertsein als Beziehungsberechtigter, Wohl und Wehe in der Hand eines anderen Menschen, laß ich mich nur alle fünf Jahre mal auf das große Hosianna ein. Stellt sich die Frage: »Was macht der Junge zwischendurch?«

Er versucht sich in der Disziplin des Lotterlebens, Dr. Schlotternett im Lotterbett, der dann doch so manches Blümlein fand am Wegesrand.

Er hat es begossen – er hat es genossen, er hat es gepflückt – er hat es beglückt, ohne Reue und öfter mal 'ne Neue.

Und am tollsten ist es, wenn sich daraus so richtige ordentliche Freundschaften ergeben.

Ja, meine Freundschaften, das steht über allem, das ist das, was ich am meisten ernstnehme, mit all den eiligen Reisenden, die ich unterwegs so treffe.

SÜSSE
BODY-
BUILDING-
BRAUT

*S*olange ich noch als Wildente mit schillerndem Gefieder durch die Diskotheken dieser Welt flattere, an den Laufstegen der Eitelkeiten vorbei, ausspähend nach der schnellen, edlen Beute, und sei's auch nicht für immer, sondern nur für heute, solange ich noch Wanderer bin zwischen den Welten, den dunklen und den hellen, solange ich noch hin- und herstolpere mit dem einen Fuß im Ehebett und mit dem andern im Puff, solange habe ich die Frau noch nicht gefunden, die mehr sein wird als meine Frau. Bei der findet der Sailor dann sein Zuhause.

Vielleicht muß ich noch viele Frösche küssen, um herauszukriegen, wer meine Prinzessin ist. Ich, der Froschkönig unterwegs, oft verkleidet, mit der Ernst Thälmann-Pöseldorfer Arbeiterbewegungs-Tarnmütze, mit der tief runter gezogenen Sonnenbrille und angeklebtem Sherlock Holmes Bart. Aber, oh Wunder, nicht jede läßt sich vom Froschmann küssen. Das gibt's überraschenderweise auch noch. Hab' ich nun dafür 15 Jahre gearbeitet, daß mir solches widerfährt?

Gelegentlich suche ich den einen oder anderen Club auf, und da denkt das Objekt meiner rasenden Begierde nun gerade: Der nun aber erst recht nicht, weil, der kriegt ja sonst immer jede, der kriegt alle Frauen.

Da wird man dann ja sofort in die große Groupie-Kartei eingetragen, und man ist eine von der Firma »Miß Austauschbar«. Welch Mißverständnis! Austauschbar ist für mich sowieso niemand. Jede ist speziell, ganz einzigartig, nur einmal so und so nie wieder.

Manche haben Horror vor dem Groupiesyndrom, und alles guckt, wenn ich in der mir eigenen Gazellenart auf die Begehrte zuschwebe. Was die manchmal für Klischees im Kopf haben, ist ja ganz absurd, und alles glotzt, wie das Mädel sich denn nun verhält, und es ist ein großer Auftritt: »Läßt sie sich jetzt von so'nem Popkasper rumkriegen, oder macht sie jetzt auf ganz coole Nummer?« Aber so'ne Frau muß doch selber wissen, wer sie ist. Ob sie ein Groupie ist oder 'ne Frau, die die Augen mit mir auf gleicher Höhe hat.

In letzter Zeit kommen sie dann auch noch mit dem Spruch: Wilderer wie du, nun zück doch erstmal das Gummi raus. Da haben sie meinen Song »98 Lustballons« wohl noch nicht gehört.

Hast Du etwas Zeit für mich
ohne Gummi mach ichs nicht
nur mit 98 Lustballons
Blausygel und auch Fronques...
Ich geh' sehr gern mit Dir ins Bett
Aber bitte kein Russisch Roulette
Ich möcht' so gern' noch weiterleben
und darum sage ich dir eben...
Ich geh so gern mit dir ins Bett
aber bitte kein Russisches Roulette
Ich möcht' so gern' noch weiterleben
und darum 98 Lustballons.
Hast du etwas Zeit für mich
ohne Gummi mach ich's nicht
Nur mit 98 Lustballons
Blau-Londons, Short and Long.

*A*ids finde ich ja nun auch sehr ungesund, und Sterben war selten von großem Vorteil. Aber so'n Rückfall in die Prüderei der fünfziger Jahre und das reichliche Oberwasser für die Lustfeindlaberer aus der Katholenschiene, das kann ich natürlich auch nur bedingt unterstützen. Ich bleibe sauber und liebe weiter und werde mir von niemandem die Freude an den delikaten Spielzeugen vermiesen lassen, mit denen uns die Götter so liebevoll ausgestattet haben, und bestimmt nicht nur, um einmal im Jahr zum Zwecke der Kindeszeugung davon Gebrauch zu machen.

Ja, bumsen ist auch sehr gesund. Viele Naffels klemmen sich das weg und erleiden einen Herzinfarkt oder einen Frustschock. Das Gesicht wird immer länger, der Mundwinkel zieht sich kerzengrade nach unten und pegelt sich in Höhe der Kniekehle ein. »Herr und Frau Totalverhärmt mit dem unterdrückten Samenkoller.« Was meint ihr, wieviel Leute krank sind, weil sie's nicht richtig machen.

Sicherlich ist es für manche Frau ein bleibendes Erlebnis, mit der Nachtigall 'ne intime Stunde zu genießen, aber sie sollte ihre Eintragungen aus dem Poesiealbum irgendwann wieder gnadenlos rausstreichen, weil der künftige Ehemann an nachträglicher Eifersucht leiden könnte, es sei denn, er hat Geschmack und sagt: »In solchen Kreisen fühle ich mich ›el excellencio‹!«

Nein, es ist wirklich nicht einzusehen, daß die Schönsten des Landes sich im weggeschlossenen geheimen Schlafkämmerchen vorm Poster oder meiner Autogrammkarte schon allmählich einstimulieren und dann ihrem Süßen gegenüberstehend, hat derselbe eine elegante Verhaltung.

*Z*urückblickend aber, und damit hier keine Mißverständisse entstehen, sage ich hier nochmal: **»Ein Macho bin ich keines falls!«** Ich wurde ebenso oft genommen von rasenden Heizkörpern mit zwei Ohren dran, wie ich sie nahm. Vampyressen befielen mich. Sie sogen mich aus in ihrer unstillbaren Begierde, und sie warfen mich zurück auf die preiswerte Quälle Couch oder die Edelnoppe von IKIA.

Sie sprachen von der biologischen Pflichterfüllung und von der Absonderung des Humus Erektikus in das Plecentubex des weiblichen Kumulus. Und sie wandten sich ab, drehten sich auf ihren hohen Höckelschuhen um und traten aus meinem Leben wieder heraus, um sich den nächsten Vogel zu greifen.

Jeden Abend um halb eins
treff ich sie in der kleinen Bar
sie spendiert mir einen Drink
und streichelt mir sanft durchs Haar
ihre Augen blicken gierig
und da wird mir wieder klar:
sie wollen doch immer alle nur das eine
meine Hüften, meine Lippen, meine langen, langen Beine!
Sie zerrt mich ins Taxi
nimmt mich mit zu sich nach Haus
und dann auf dem Flokati
zieht sie mich langsam aus
sie küßt mich mitten ins Gesicht
und mir wird heiß und kalt
und jetzt löscht sie das rote Licht
und wieder spür ich die Gewalt...

Sie wollen immer, immer, immer, alle, alle nur meinen Körper
meine Seele wollen sie nicht.
Und das ist das, was mir noch
mal das Herz bricht.

(Thanx Anete Humpe)

Nein, meine Freundin Alice Schwarzer, wenn du auch jetzt die große Sorgenfalte rausdrückst und dein Gesicht kriegt Tante-Emmamäßige Grübelzüge eines Faltbootes von der Marke Clepper: »Don't get me wrong! Vögli, wenn mögli – immer schön sauber und klar – ein Unterdrücker ich nie war. Wie mir überhaupt grundsätzlich in jedem Bereich des Lebens Menschenruntermacherei sternenweit fern liegt.

Die Welt hat es nun mal so an sich, daß auch Männermenschen sie bewohnen. Ich war auch mal sehr heavy in Jungs verliebt. Zur Vaseline sind wir nie gekommen. Große Männerfreundschaften, Emil und die Detektive, ganz frisch, ganz groß, ganz zärtlich. Es hat bei mir so Orientierungsversuche gegeben. Mal checken. Oder Frauenüberdruß? Mysteriös, mysteriös. Ich fand, das war eine richtig gute Erfahrung und sehe keinen Grund, sowas zu verdrängen. Ich hab' darüber auch 'n paar Songs geschrieben, »Ganz egal« und »Na und«:

Ich saß im Cafe, ich wollt 'nen Text schreiben,
doch mir fiel überhaupt nichts ein
und plötzlich kamst Du und sagst:
Zu zweit geht es besser,
Du würdest mir behilflich sein.
Es machte »Klick«,
und wir verstanden uns prima,
und später zogen wir durch die Gegend.
Es war ein wildes und tolles Klima.
Wir mochten uns sehr –
immer mehr, und dann sagtest Du:

Ey, irgendwie lieb ich Dich sehr!
Plötzlich denk ich:
Moment mal, und da wurde mir erst wieder klar,
daß Du ein Junge warst.

Und jetzt war erstmal wieder alles ganz anders –
ich war sehr irritiert,
weil sowas mir, als altem Mädchen-Aufreißer
äußerst selten passiert.
Ich stand da wie ein Spießer,
der sich Sorgen um seine Keuschheit macht,
und Du sagtest:
Es geht doch hier nicht
um 'ne schnelle sexuelle Nacht.

Wir wurden Freunde, immer mehr,
und Du erzähltest, daß es manchmal so schwer wär,
daß sich viele Schwule immer noch verstecken
auf dem Männer-Pissoir.
Und der Pöbel sagt: Weg damit!
Wie das damals schon bei den Nazis war.
Wir mochten uns sehr. Immer mehr!
Und ich sagte: Ey, irgendwie lieb ich Dich sehr.
Plötzlich denk ich: Moment mal.
Und da wurd mir erst wieder klar,
daß Du ein Junge warst ...
Na und?

Wir haben ja gerade mal wieder erschreckend prüde Zeiten, wo irgendwelche Naffologen, Denkzwerge mit erschreckend großer Fresse und übelster Selbstgefälligkeit, rumrennen und die Müllsprüche der fünfziger Jahre wiederzubeleben versuchen. In diesem Zusammenhang mit Schwulen möchte ich gerne noch etwas bemerken: Weltweit, aber besonders in Deutschland steht es niemandem zu, Schwule zu verdammen, nur weil sie anders lieben als die meisten.

Aus unserer jüngsten Geschichte sollten wir doch gelernt haben: Die Geschichte ist 'ne große Chance, was zu lernen und weiterzukommen. Bei den Nazis haben sie Schwule ins KZ geworfen und sie umgebracht. Auch das kleinste Hirnie darf das nicht vergessen.

Es ist Verrat an den Ermordeten, wenn wir heute nicht einen durch nichts überschatteten Freiraum für alle Menschen schaffen, in dem sie so leben und lieben können, wie sie wollen. Das Gemisch von Dummheit, Arroganz und Ignoranz deutschen Spießertums, das mich an den Rand des Kotzbetriebes bringt, hat mich schon immer sehr entschlossen für den Schwulen Stellung nehmen lassen.

Natürlich habe ich auch als große Rundrumfarbenpalette alle Anteile in mir, die jeder Mensch drin hat. Mit Songs von David Bowie und Tom Robinson im Ohr hatte ich irgendwann einfach keinen Bock mehr auf starre Heteroschiene und wollte mich selber im Zusammensein mit anderen Männern genauer erleben und kennenlernen. War's die narzistische Objektwahl, oder war's von der Firma »zu Ende gehende Jugend«? Meine Hauspsychologen sind an dieser Stelle authorisiert, ihre Schweigepflicht zu brechen und in den einschlägigen TV-Sendungen ihren Vermutungen konkreteren Ausdruck zu verleihen. Ich hab zwar einen älteren Bruder, Erich, aber 'n kleinen Bruder, den hab ich nicht.

Wenn man selber 'n paar Tage älter wird, dann sucht man sich vielleicht manchmal so einen Botschafter aus der very jugendlichen Jugendzeit, der all diese ungestüme Frischlingspower aus der pubertären Glitzerwelt rüberbringt. Da kann es manchmal funken, und er zündet mich an mit seinem Feuer, Temperament und Idealismus.

Und ich, vielleicht schon so'n bißchen cooler und abgeklärt, fang das Feuer auf und schleuder' es zurück, gepaart mit meiner Indianererfahrungen, und dann gibt es einen richtigen großen Brand. Manchmal fand ich so junge Feuerwerfer sehr gut und war auch richtig verknallt in sie, und dann die Welt auf den Kopf stellen und alle Gesetze brechen und die Brandsätze in die Spießerwelt reinschmeißen. Streckenweise war das sehr wild, sehr zärtlich, aber sexuell war das nie (leider?).

Mein intensives Zusammensein mit Jungs ist wahrscheinlich auch auf meinen Haß auf das Rollenspiel zwischen Männlein und Weiblein zurückzuführen. So Weibchen, denen man dauernd in den Mantel helfen muß und Feuer geben, so als hätten sie 'ne Krüppelhand. Das geht mir total auf 'n Geist. Ich suche in den Menschen immer mehr so'n Kumpel. Auch in 'ner Frau suche ich den Kumpel, mit dem ich Pferdestehlen kann, wenn es noch Pferde gäbe zum Stehlen. Ich mag nicht diese Marzipanweibchen, die Deodorant-Hühner, aber auch nicht diese Kruppstahlmachomänner. Diese Art von Getue und Gezicke geht mir völlig auf den Zeiger.

Er war ein richtig keuscher Junge
und bei ihm zog nie ein Hoch auf.
Gerade das machte manche Frau so stürmisch
und sie flog drauf
Ja immer wieder wurd' er in Versuchung gebracht.
Dabei wußte doch wohl jede,
dieser Typ ist kein Mann für eine Nacht.
Denn 'ne Nacht ist ihm zu lange
und er sagt es frei heraus,
das artet ihm zu oft
in wirklich schwerste Arbeit aus.
Lieber nur 'ne halbe Stunde
n' Quickie ist doch auch ganz schön.
Da kann er nämlich hinterher
noch andere glücklich machen geh'n.
Er war nur ein Johnny
und er flippte um die Welt.
Er war ein Gigolo, doch
niemals nahm er Geld.
Ob blond, ob schwarz, ob braun, ob Henna
und manchmal stand er auch auf Männer.

Früher war ich öfter krampfig,
denn da wußte ich noch nicht,
Prickelfit entspannt Dich
und zwar augenblickelich.
Man fragte mich auch mal,
ob ich vom andern Ufer bin.
Nein, ich bin der Fluß selber
und ich fließe stolz dahin.
Und gelegentlich Probleme
mit den klerikalen Cliquen
ob er sich denn nicht was schäme
unaufhörlich rumzumachen.
Urbi-Orbi-Amen-Amen.
Aus den Ohren schießt der Samen.
Denn Bumsen oder Onanie
— ist verboten – und zwar wie!
Halleluja.

Er war nur ein Jonny
und er flippte um die Welt.
Er war ein Gigolo,
doch er nahm niemals Geld.
Und bist Du von den Flexibel-Betrieben,
dann kannst Du Dich auch
mal in Jungs verlieben.

Mädchen

Es gibt Frauen, auf die ich überhaupt nicht kann.
Fräulein Eitel, Mademoiselle Plastic.
Das ist die Sorte, guck sie dir an
Immer nur schön sein ist ihr Hauptinteresse,
Sie schmieren sich reichlich Farbe in die Visage
Und am Wochenende gehen sie dann in den Club »Adrett«
Da lassen sie sich bestaunen und sind auch sehr kokett
und Mr. Schniegelmann, der gute Sprüche kann
der macht sie an.
Der lädt sie erst in sein schönes Auto ein
und später in sein Bett
Sie beziehen ihre Bildung aus den Modemagazinen
und leidenschaftlich wandern
sie von einer Boutique zur andern.
Viel mehr tun sie nicht
So vertrödeln sie ihr Dasein
Und ich find das ganz schön traurig
und ich faß mir an den Kopf und sag mir:
Das darf noch nicht wahr sein.

Es gibt Frauen, die ich sehr gerne mag
die trifft man leider nicht jeden Tag

die tragen keine Maske
sie sind an Mode nicht interessiert
die finden es viel bedeutender
daß es im Kopf funktioniert.
Die sind aktiv und kreativ
die machen reichlich Action
Die spielen Gitarre in 'ner Band und singen
I can't get no satisfaction
die dreschen auf die Trommeln, daß es nur so kracht
Und wenn ein Spießer kommt und meint
das wär nichts für Mädchen
dann wird nur laut gelacht
Das fängt doch schon an mit diesen anerzogenen Rollen
Daß kleine Mädchen nicht im Dreck spielen
und sich nicht hauen
und kleine Jungs nicht heulen sollen
Wir schmeißen diese Unterschiede einfach über Bord
Bis auf den, daß die Jungs ein U-Boot
in der Hose haben
und die Ladies einen Fjord...!

Rutschemann, Rutschemann – ich habe keine Lust, mich fest-
zulegen auf Frauen oder Männer, Teenies oder Oldies. Es geht
mir halt um Menschen. Und manchmal hab' ich auch einen wunderbaren Flirt mit 'ner Sechzigjährigen von den Grauen Pan-
thern, oder ich verliere mein Herz vorübergehend an eine Zwölf-
jährige, deren Augen mir durchfunken: Laß mal die Welt um-
bauen, so wie sie ist, ist sie zu Scheiße.

Jetzt ist Winter 88, und ich schreibe dieses Buch. Ich kenne 'ne
Menge Leute, aber erlebe, wie andere Menschen auch, Situationen von unendlicher Einsamkeit. Es ist vier Uhr nachts. Ich
sitze im Hotel. Ich sollte aufhören zu rauchen. Vielleicht gehe ich
noch 'ne Viertelstunde Joggen im Englischen Garten. Was, wenn
jetzt das Telefon geht, und wieder ruft ein
Mädchen an: »Hallo, Udo, ich nehme jetzt
die letzte Pille, weil ich ohne dich nicht mehr leben kann.«

Das sind oft kleine Mädchen, die sich im Fernsehen in mich
verliebt haben und meinen, ohne mich wäre ihr Leben ver-
pfuscht. Wat 'ne Welt. Sag ich: »Ich werd' dich morgen treffen,
und dann kriegen wir das schon in Ordnung, wir kriegen das
schon wieder hin.« Sie muß mir erstmal versprechen, sich den
Magen auspumpen zu lassen, und ich fühl mich auch ein bißchen
ausgepumpt. Ich bestelle mir einen Kräuterschnaps und überlege
mir, warum ich dieses Buch überhaupt schreibe.

Ja, ich finde einen guten Grund. Der Popstar ist ein einsamer
Mann und will irgendwann auf dringendes Anraten seiner psy-

chologischen Beiräte, so wenn er um die 39 ist, die Frau für's Leben finden. Wenn die Schminke ab is' und man guckt da mal genauer hin, ist er schon ein bißchen geschunden und gebeutelt und geschädigt.

Jetzt morgens um halb fünf guck ich in den Spiegel und denk, ich seh' aus wie ein Frosch, der unter die Rolltreppe gekommen ist.

Mach mich zum Prinzen, Geliebte. Es soll dein Schaden nicht sein.

Hier hast du mein Buch, damit du genau Bescheid weißt und nachlesen kannst, was ich für'n Vogel bin. Weil, sonst muß ich dir das alles immer wieder von vorne erklären, und vielleicht habe ich dann gerade wieder was anderes zu tun. Ja, wenn du jetzt, weil deine Eltern dir das verboten haben und deine Oma die Erbschaftskündigung in Aussicht gestellt hat, dieses mysteriöse Buch dennoch unter der Bettdecke weiterlesen solltest, so kann das von großem Vorteil für dich sein, denn wenn wir uns begegnen, wirst du mehr als bisher über mich wissen, als junge Sehende wirst du auf mich zuschreiten, mit dem weichen Knie der Ergriffenheit, und dein bebend und mein schwebend Herz werden zusammengehn.

Höchstklang der panischen Sinfonie: Alles wird gut, vieles ist schon gut!

♥ ∞

LEIBÄRZTIN ANNA R.

Der normale Popstar so um die 40 hat in einer kontinuierlichen Geheimaktion sämtliche familiären Angelegenheiten aufs feinste durchgeregelt. Nun erfährt die Welt davon nichts mehr, denn in exklusiver und diskreter Weise kümmert sich nun die Genfer Nummernkontenverwaltung um solche intimsphärischen Angelegenheiten. In der Öffentlichkeit sieht das dann natürlich alles anders aus, denn der Karriereplan in Sachen »Zeitlos und Immerfrisch« muß gnadenlos eingehalten werden. Der clevere Popstar, macht

Merkblatt 6:

Der Popstar, das imagefreundliche Junggemüse, die Midlifekrise und die Legendenabsicherung

auf die Dauer auch immer ein bißchen auf Bi-Sexuell, damit auch seine männlichen Fans nicht aller Hoffnungen beraubt werden. Auch muß er auf eine bestimmte Art seine Honneurs an reifere Frauen, ältere Damen und Omis ablassen, denn auch sie bilden mutterkomplexmäßig einen kaufkräftigen zuverlässigen Kreis für seine weitere Prosperität.

Was imagemäßig aber noch wichtiger ist: Der in die Jahre kommende Popstar darf sich natürlich in der Öffentlichkeit nur noch mit ganz jungen Mädchen umgeben, so zwischen 17 und 21, damit sein Image möglichst jugendfrisch bleibt. Alte Frauen, ab 25, darf er nur in ihrer Wohnung besuchen und muß darauf achten, daß kein Nachbar davon irgend etwas mitkriegt, denn sonst wäre das extrem imageschädigend. Mit Frauen über dreißig darf er nur unter allerhöchster Geheimhaltungsstufe zusammentreffen, am besten gar nicht.

Merkblatt 6

Wenn ein Popstar mit einem jungen Mädchen unterhalb der Sittlichkeitsgrenze zusammen ist, dann sollten das möglichst viele Journalisten mitkriegen und verbreiten, das steigert die Hoffnungen der kleinkindischen Plattenkäufer von morgen, denn die wollen ja irgendwann demnächst auch alle mit dabei sein. In den Journalen ist dann vom bewährten Polanski-Syndrom die Rede. Das macht Laune, da kommt Freude auf für die nächste Generation, wieder Platz- und Anteilnehmen. Ein neues Spiel beginnt, das endlose Weitergekurbele der Karriereschraube läuft.

Als echter Popstar kann man sich natürlich eine Midlifekrise überhaupt nicht erlauben. Am besten schon in ganz frühester Jugend wird direkt nach der Pubertät die Midlife wie auch gleich die Endlifekrise ein für allemal abgehakt, so daß man zu einem späteren Zeitpunkt nie wieder auf so etwas zurückzukommen braucht: Forever young!

Empfehlenswert wäre auch die »Die young – Stay-Beautiful-Methode« – wegen Legendenabsicherung! Sollte man nun aber nicht wie James Dean im zarten Alter von 23 sein Leben an der Leitplanke ausgehaucht haben und auch nicht in einem frühjugendlichen Herzattackenanfall zwischen den Großbrüsten einer prallen Mäzenin verendet sein, ja sollte man selbst allen Drogenexzessen als standhafte Steherratte nicht zum Opfer gefallen sein, auch keinen Flugzeugabstürzen in Little Rock, Arkansas, oder wie Rick Nelson in Amarillo, Texas, oder wie Otis Redding in Memphis, Tennessee, – nein, wenn das Leben weitergeht, und man ist schon 41 und lebt immer noch, und kriegt dann doch unerwarteterweise sowas wie eine Midlifekrise an den Kopf geschleudert und glaubt gar, der Lebensabend käme mit der gleichen Sicherheit wie Johnny Walker, dann setzt man sich für eine halbe Stunde in die Ecke, klopft sich mit der Stahl-

Merkblatt 6

faust an die Stirn und denkt: »**Jetzt bloß nicht schlapp-
machen, Django! Ich suche mir jetzt nur noch die sü-
ßesten Teenie-Rosinen aus dem Kuchen raus, die ganz
zarten Kirschenblüten auf den Bäumen, die nach fri-
scher Milch und jungem Honig duften.**«

Der Popstar kennt keine Midlifekrise. Nein, er darf sie nicht
kennen, denn die ist ja nur eine läppische Erfindung der indu-
striellen und hochzivilisierten Fluppi- und Yuppie-Länder. Der
Popstar orientiert sich in solchen Fragen am besten an den
alten orientalischen Sippentraditionen, wobei der Stellenwert
des Individuums in seiner Gesellschaft kontinuierlich mit dem
Alter steigt. Er entfaltet wahlweise eine Ray Charles- oder Ives-
Montandmäßige Übergröße, die es ihm ermöglicht, auch im
höchsten Alter von etwa 95 Jahren immer noch als der große
glanzvolle Vorführer auf der Bühne zu stehen.

Da in der Hip-hop-betonten kapitalistischen Gesellschaft nur
die heiße Hose und der schmale Arsch eine Rolle spielen und
die meisten Werktätigen bevölkerungsanteilig bereits ab 45 zu
alt für irgendwas sind, ist es wichtig, auf den ewigen Jungmann
zu machen. Also nicht in den Verdacht geraten, älter zu werden.
Also ran an's dekorative Junggemüse. Der »Dirty Old Man« geht
davon aus: »Man wird ja in der Salatschüssel auch nicht gleich
das eine alte Blatt herausfischen.«

Ein weiterer wichtiger Punkt ist: Sollte unser Popstar zufälli-
gerweise den Großteil seiner Zeit in Deutschland verbracht
haben, empfiehlt es sich, Überlegungen anzustellen, wie und
zu welchem Zeitpunkt man Deutschland verläßt und wohin man
sich dann seine Künstlersozialversicherung überweisen läßt.

Es kann für den Popstar im Falle einer nicht ewiglich weiter-
ratternden Karriere nämlich nervig werden, wenn er dann irgendwann in seinem Heimatland nur noch über das definiert

Merkblatt 6

wird, was er früher mal gemacht hat. Nach dem Motto: Singen
Sie doch noch mal so schön wie früher den »Sonderzug nach
Pankow«, »Rudi Ratlos«, »Andrea Doria« oder »Die Klavierleh-
rerin«. *Der Mann von früher* sozusagen.

Der alternde Popstar hat's nicht ganz so leicht. Er muß ja,
selbst wenn er 49 ist, immer noch so jung und frisch aussehen,
daß man ihn auf knappe 29 schätzt. Ganz vorteilhaft ist hier
langes Schlafen in den Tag hinein und niemals vor 12 Uhr
mittags aufstehen. Das ist einmal gut für's Aussehen und andererseits auch gut für's Geschäft. So gegen 17 Uhr läuft der
Popstar zu seiner ersten absoluten Höchstform auf und kann
jetzt als Überfalltelefonist die bereits feierabendmüden und
weggeschlafften Branchenmanager mit seinen maximalen Forderungen überrumpeln und seine sämtlichen Vertragsforderun-
gen durchsetzen. Um diese Zeit ist seine Biorhythmuskurve auf
einem ersten Zenit angelangt. Die befindet sich in steigender
Tendenz, und das ist auch richtig und wichtig so, denn abends
hat er möglicherweise wieder ein großes Konzert, und er muß,
wenn andere schon allmählich schlafen gehen, immer die Ober-
kante seiner Pfiffigkeit und seinen Energiegipfel erreichen.

Beim regelmäßig angewandten sechsmonatigen Faceliften
muß darauf geachtet werden, daß durch das ständige Zurück-
ziehen der Haut die Ohren nicht soweit nach hinten wandern,
daß man dann vielleicht irgendwann nur noch ein Mono-Ohr
hat. Der ältere Popstar läßt sich von Herrn Dr. Köhnlechner in
zeitlich streng verabfolgter Genaudosierung zwei bis drei
Frischkälber in Form von Frischzellen reinschmeißen und geht
jeden Tag etwa drei Stunden auf die Sonnenbank.

Ein Kollege aus unserem Berufszweig, Keith Richards, prak-
tiziert seit Jahren mit großem Erfolg die einmal jährlich zur Anwendung gebrachte radikale Blutwäsche, schon auch aus Aids-

Merkblatt 6

profilaxe-technischen Gründen. Man denke auch bitte an Petiküre und Maniküre, man läßt sich die Fußnägel ausrollen und die Fingernägel einballern. Sollte der ältere Popstar zur Bauchbildung neigen, wird satteltaschenmäßig im Kängeruhverfahren die Satteltasche seitwärts als Tornister tragbar weggefahren oder auch einfach abgesaugt. Graue Haare sind für einen Popstar etwas absolut Tödliches. Im sofortigen Färbungsverfahren wird hier aus grau ein tiefblauschwarzes Attraktivhaar gemacht. Wichtig ist auch, daß der Haaransatz nicht zu weit nach hinten rutscht, damit der Popstar nicht zu intellektuell wirkt und so möglicherweise große Teile seines Publikums verschreckt. Der Popstar darf natürlich unter gar keinen Umständen an Haarausfall leiden, auch wenn 's juckt. Sollte die Haarreduktion aber dann doch wider Erwarten einsetzen, empfiehlt es sich, auf sofortiges Hütetragen umzusteigen.

Der Hut, doppelfunktionstüchtig, wird dann natürlich nie wieder abgenommen, weil der Popstar auch auf diese Weise in seiner ihm eigenen respektlosen Art der Welt mitteilen kann, er zieht vor niemandem den Hut. Auch nicht vor den diversen Politikern, denen er im Laufe seiner ausgedehnten Weltreisen nun immer mal wieder begegnet, denn der ganz clevere Popstar weiß, mit Musik allein ist es auch nicht getan. Ein wenig Politik macht sich auch ganz gut und hebt den Marktwert.

Wenn der Popstar es mit der Politik dennoch ziemlich ernst meint, kann er zunächst einmal davon ausgehen, daß vor Ablauf einer Zehnjahresfrist ihm das kaum jemand abkauft und jeder ihm erstmal die schnelle Profilneurose unterstellt. Nichtsdestotrotz, eine wertvolle Marketingstütze ist auch die Zuhilfenahme weltweiter Präsidenten, Staatssekretäre und Staatsrats-

Merkblatt 6

vorsitzender, doch dazu später noch mehr. Ja, nun wird es für den Popstar immer wichtiger, viel in der weiten Welt herumzukommen, weil er damit natürlich auch ersatzweise für den normalen Plattenkäufer die interessanten Weltreise-Erfahrungen machen kann und die Leute mit ihm herumträumen können.

Da sitzt er dann irgendwann einsam in einem Flugzeug nach Bangkok und weiß selber nicht genau, was er da eigentlich will, außer, er muß sich so rar wie möglich machen zwischen den einzelnen Plattenaufnahmen und Konzerttourneen. Ja, es ist wichtig, darauf zu achten, den Hauch von »weltweit« an sich zu haben, also möglichst viele Leute von seinen globalen Aktivitäten erfahren zu lassen. In Port-Au-Prince oder wo liegt er dann mutterseelen allein in seiner Hotelsuite und starrt an die Decke, denn er muß ja seinen guten Ruf pflegen. Es ist so schrecklich lonely. Er löffelt das einsame Rührei, glotzt irgendwelche schon hundertmal gesehenen Hotel-Videos, telefoniert mit seinem Banker in Hongkong und putzt mal schnell die kleine Süße mit dem wilden Staubwedel von der Flurbereinigung auf dem Korridor weg. So auf die Schnelle. Doch das ist dann auch wieder nicht das Reelle. Das hilft dem Popstar doch nun auch wieder nur für ein paar Minuten über seine Traurigkeit hinweg. Wenn er dann wieder bemerkt, wie groß die Sehnsucht ist, die an sein Narbenherz pocht, greift er zum Telefon und ruft eines seiner Topverhältnisse an.

Bei mir ist natürlich alles ganz anders, aber doch so ähnlich!

Merkblatt 6

Auch ich, weltweit einsam, ich greife zum Telefon. 0049-30-007770. Das schöne Model aus Costa Rica oder die junge Literaturstudentin aus Klagenfurth. Eine quirlige Rocksängerin aus Berlin oder eine aufstrebende Schreinerlehrlingsfrau aus Kreuzberg. Oder Joe, den kleinen großen Freund aus Mexico, kommt an mit seinen Rollschuhen, wie einst in New York, als man noch so gut drauf war. Das verknallte Rollschuhpaar. Planktonische Liebe, die für immer hält. Dann Charlotte, das androgyne Zauberwesen, und mein Herz auf lichterloh und so. Sie war wie mein Kind, und ich hatte den

Sechs

totalen Daddykomplex drauf. Für Charlotte habe ich mal das Lied geschrieben: »Der Rahmen ist schon fertig, und der Rahmen ist nicht schlecht, da muß nur noch der Mensch reinpassen, und den biegen wir uns schon zurecht.«

Irgendwann hab' ich das für falsch gehalten, weiter an Charly herumzubiegen, und so haben wir dann mit gebrochenen Herzen die Biege gemacht und uns verlassen. Ich habe mich beim Psychiater auf die Analysecouch anschrauben lassen (vielleicht kann ich doch Buddhist werden?). Ein Jahr, und dann sprach ich zum Professor Ach:

»Ich glaub', ich bleibe besser Sizilianer, danke schön – auf Wiedersehen!«

Charly hat sich dann allmählich wieder hochgerappelt. Liebe und Folter, wie nah liegt das zusammen. Ich ruf sie heut mal wieder an, und die Telefonrechnung schnellt auf fünftausend Dollar hoch. Sie sagt, es geht ihr gut, es geht ihr besser und »sie liebt mich überhaupt nicht mehr.« Ich beglückwünsche sie dazu. Für sie ist das besser so.

Wem sonst telefaxe ich jetzt meine ewige Liebeserklärung rüber ins ferne Deutschland? Die kernige Praline, die kleine Kollegin, diese zauberhafte Praline, mit der ich ganz tolle und geheime Zeiten hatte. Ich spring vor Freude an die Decke. Ja, wir waren zwei Geheimagenten, immer undercover. Die totalen Schmusespione, immer waren die Photographen hinter uns her, und keiner hat's gewußt. Keiner hat's gerafft, monatelang, und wir wurden fast verrückt, weil es »heute passierte!«

Und Mecki Messer und die junge Witwe ganz in schwarz mit 'nem Schleier davor. Sie stieg in London aus meinem Cadillac Kofferraum raus, ging unauffällig in die Ecke, **und Scotland Yard sprach von Verrat.** Jedenfalls hat es keiner geschnallt – hätten viele auch sehr witzig gefunden. War ja auch sehr witzig – ging aber keinen was an, bis uns die Presse auf die Schliche kam. War echt zum Piepen, mit Tarntüten auf dem Kopp und wenn der Room Service kam: Ab, untern Tisch, aber bitte stellen Sie das Kichern ein. Falsche Namen und tote Briefkästen. Trickserei, Getäusche und Getarne. Wie günstig, daß ich in meiner frühen Jugend einen Detektivlehrgang gemacht hatte. Und dann wurd's stressig. Ist ja auch irgendwie ganz normal. Bin ja schließlich auch ein ziemlich strapaziöser Galan.

Und dann kam die nächste Frau. Die Telefonrechnung geht jetzt schon auf 10.000 Dollar hoch. Rio ist weit!

*U*nd plötzlich seh' ich's wieder ganz klar. Den totalen Blues am Kopp, komm in Rio angeflattert. Riesig Liebeskummer, reichlich Magendrehen, mit großen Messern Stiche in das Nervenzentrum. Kann nicht pennen, kann nicht essen. Völlig beendet – Weltsendeschluß!

Am nächsten Mittag steht sie da, wie von den Göttern an den Strand gestellt. Sie war die brasilianische Schönheitspreisträgerin erster Klasse. Und Augen trug sie, die wie Blitze in mich einschlugen.

Großes Gedonner im Herzen und plötzlich – weg sind alle Schmerzen. Dann abends, Vera und ihre sieben Schwestern im weißen Ballettdreß auf der absoluten Samba-Abhebeparty.

Mutter dabei, Vater dabei – Schwiegereltern? – mochten mich auch und luden mich ein – in Rio Ipanema – Rio privat!

Mir brannt' das Hemd, so'n Temperament. An meiner Hutkrempe flogen die Affen vorbei. Hisssch – Hussschhh! Große Liebe, und ganz viel Samba, und 'n Klavier hatten die auch zu Haus. »Herr Harry«, wie man mich zu nennen pflegte, sprach die Schwiegermutter, »ach bitte, spielen Sie noch eine von Ihren herzzerreißenden Etüden am Klavier.« Und Harry spielte auf butterweich und sang, und die gesamte Familie brach gerührt in Tränen aus. Dirty Harry und Happy Heart – von Blues keine Spur mehr.

Mit hüpfendem Herzen und schlankem Wippefuß jumpten wir dann ins nächste Juweliergeschäft, um uns vorsorglich schon mal 'n Paar preiswerte Verlobungsringe zu besorgen. Später sagte ich: Ich muß leider mal kurz nach Detmold zurück, um eine neue Zahnbürste zu besorgen. Nach dieser Zahnbürste suche ich heute noch, sie blieb verschollen, wie auch die Verlobte. Sie lebt jetzt in Los Angeles. Ich ruf sie an – sie ist immer noch ziemlich sauer auf mich, verständlicherweise. Ist ja auch nicht so charmant, sich zu verloben und zwei Tage später wieder abzuhauen und sich zum echten Trauen dann doch nicht richtig durchzutrauen.

Jetzt hat sie 'n anderen Mann, der es vielleicht noch besser kann. Wahrscheinlich hat der auch mehr Zeit für sie. Ich wünsche ihr alles Liebe. Bring die Hoffnung zum Ausdruck, sie einmal wiederzusehen, und lege bestürzt den Telefonhörer wieder auf.

Ja, viel herzerweichendes Alleinsein gehört zum Leben eines

Popstars, sich rar machen, sich wegtun, abschweben in die un-
ergründliche Legende, einen Kokon der Mystifikation um sich
spinnend. Kollegen wie Michael Jackson oder David Bowie
machen das so ähnlich. Oder wissen Sie, wo die so wohnen, was
die so machen, wenn sie nicht gerade auf Tournee sind?

Nach ungefähr drei Wochen schickt der Popstar dann eine Ansichtskarte an die dpa, während man es zu Hause kaum noch
abwarten kann, wann sich der einsame Popstar aus seiner Einsamkeit wieder löst und sich wieder zu den Seinen begibt. Greif-
bar nahe sozusagen, und wieder macht der Popstar sich touch-
able, und wieder wird er neu erlebt.

Der Erlöser ist erneut erschienen, lösen Sie Ihre Tickets jetzt.
Es werden tolle Konzerte, so toll, daß ich da auch hingeh'.

*S*chon früh überlegt sich der gedankenbetonte Popstar, was er denn machen kann, wenn es wider Erwarten mal zu einem Karriere-Knick kommt.

Normalerweise gibt es für den Popstar natürlich keinen Karriereknick. 'ne kleine Talfahrt schon mal, aber am Horizont sieht er die Sierra Nevada und die Rocky Mountains, und weiter – kerzengrade – geht's nach oben. Jetzt und immerdar, wenn aber nicht – gibt es für den Popstar überhaupt eine berufliche Ausweichmöglichkeit?

Merkblatt 7:

Der Popstar, die Wahrheit und die Politik

An dieser Stelle sei versichert: Ja, es gibt sie! Der Beruf des Berufspolitikers ist dem des Popstars nicht unähnlich. Paralleltätigkeiten wurden in sehr eindrucksvoller Weise von Ronald Reagan vorgeführt. Früher Movie-Star, also auch sowas wie 'n Popstar. Plötzlich President of the United States! Von den »Second-Rated-B-Movies« (auf deutsch: Schrottfilme) zum »First Class – White House«, oder mindestens Bürgermeisterjob in einer lauschigen kleinen Touristengemeinde am Pazifischen Ozean in California im schönen Carmel by the Sea. Wir denken an den Kollegen Clint Eastwood.

Wahlweise kann man es auch wie Frank Sinatra, Dean Martin und Sammy Davis jr. machen, indem man sich in den Stadtrat eines Gambler-Paradieses wie Las Vegas oder Reno (Nevada) einkauft oder wählen läßt, um so das lokale politische Tagesgeschehen unter Kontrolle zu haben.

In Deutschland gab es auch schon mal einen »singenden« Lummer and the President of Westgermany, einstmals Walter Scheel, saß »Hoch auf dem gelben Wagen« und verband Gesang und Politik.

Merkblatt 7

Vielfältig und wunderbar sind hier die Möglichkeiten. Natürlich ist Popstar trotzdem besser, weil man mehr verdient. Der President in den USA verdient vergleichsweise nur läppische 270 000.00 Dollar im Jahr, und den Rest muß er dann noch schwarz beziehen – im Endorsement-Verfahren und Kriminalstil und immer die ganze CIA am Hals. Zu wenig Kohle, zu viel Streß. Nein, Pop-Diva ist besser. Aber ein bißchen politisch? Bitte sehr!

Man muß sich natürlich rechtzeitig überlegen, auf welche Seite man sich mit aller Konsequenz stellt. Der geläuterte Popstar weiß, daß Politik und Kultur sowieso nicht und nie voneinander zu trennen sind. Wenn er jedenfalls nicht nur den reinen Entertainerkasper machen will, sondern Songs übers Leben, so wie es tatsächlich abläuft, hat er bereits in seiner künstlerischen Tätigkeit die Politik nie ausgeschlossen.

Echtes Idol, das er ist, weiß er, ich bin eine Art Orientierungsfigur für viele noch Strauchelnde im weltmäßigen Nebel der Globalpolitik. Das bringt Verantwortung mit sich. Darum muß man über alles ziemlich genau Bescheid wissen, aber auch: Der schlaue Popstar will kein Guru sein. Er stellt sich vor die Massen und sagt:

Folgt nicht mir, folgt euch selbst! Sucht euch nicht in mir, sucht euch in euch selbst!

Anregung kann ich geben, Neugierde erzeugen auf mehr Durchblick im Polit-Dschungel dieser Welt. Sensibilität, auch politische, und ein Auge für das, was an den Schattenseiten der Dritten Welt passiert, will ich in euch senken oder wenn schon vorhanden, dann verstärken. Und aufmüpfig sollt ihr sein und die unruhige Kraft der Ratten- und Kellerkinder, Paläste sollt ihr stürmen und wegsprengen, Paläste der bornierten Oberleimer, der Hüter des Konservativismus. Spürhunde sollt

Merkblatt 7

ihr sein auf dem Weg zur menschenfreundlichen Anarchie, und die ist machbar, Herr Nachbar.

Laßt euch nicht regieren, regiert euch selbst. Laßt euch nicht verarschen, seid pfiffige Detektive.

Durchschaut die Hintergründe dieser schrägen Welt – überprüft die Leute an den Schaltstellen der Macht. Wenn ihr seht, so mancher Verbrecher ist da am Werke, dann geht hin und legt ihm das Handwerk. Entlarvt die Kriminellen mit der weißen Weste und dem seichten Spruch. Diese Leute, glatt wie Aale, die ebenso Vorstandsvorsitzende in einer Schmierseifenfabrik sein könnten. Diese Lölimänner, die zur Wahlzeit, taktisch betont, kleinen Kindern in großer Geste über den Schädel streicheln, weil sich das gut beim zu täuschenden Wahlvolke macht. Und dann sitzen diese Kinder wieder an den nassen Matratzen und beißen sich durch, und andere verrecken an der Überdosis Luxus.

Der Popstar sollte wissen, wenn er sich politisch äußert, hat er gleich 'ne Menge Feinde: Viele Menschen gibt's, die wollen den Popstar singen hören, und aus der Politik soll er sich raushalten, so wie ein Fußballer ja auch nicht im Bundestag sitzt und ein Politiker ja auch nicht die dritte Geige im Orchester von James Brown spielt.

Wegtrennen, ausschalten wollen viele den Popstar, der das Maul aufreißt und in seinen Songs auch mit Radikalattacken die Schieflage der Welt anklagt, die Menschen zur panischen Revolution aufwiegelt. Schmierfinken und Medien-Naffels versuchen, ihn runterzumachen.

Aber aufrecht bleibt die Pop-Ratte und beißt sich allen zum Trotz immer wieder gnadenlos nach vorne durch. Der pflegeleichte Schlagersänger hat es da leichter. Er singt über Liebe und Leid, über Herz und Freud, Sonne Mond und Sterne, und

Merkblatt 7

alle haben's gerne. Nein, unser Popstar weiß, sobald er in die Politik einsteigt, sind mindestens 50 Prozent der Leute von der Film-, Funk- und Fernsehsteuerung und auch viele seiner ehemaligen Fans gegen ihn.

Das ist ein harter Kampf und oft fühlt er sich unverstanden.

Aber der konsequente Rattenpapst beißt sich weiter durch und läßt sich nicht verunsichern. Unbeirrbar geht er seinen Weg und sagt: Das Maul ist dazu da, daß man es aufreißt. Unbescheiden ist die Ratte, auch in politischer Hinsicht.

»Wenn uns da etwas nicht paßt, dann muß das halt geändert werden! Basta!«

Aber wie ich schon sagte, jetzt kommt die Gegenlobby, die Leute mit dem Beratervertrag mit Botha, dem südafrikanischen Schweineregime, sitzen in dunklen Verschwörergemächern und arbeiten bereits am Liquidationsplan der politischen Popratte. Die Blaupausen der soeben erfolgten U-Bootlieferung nach Pretoria werden hin und hergewendet. Die Bestechungsgeldzuwendungen werden noch mal leicht nacherhöht und der aktuellen Inflationsrate angepaßt. In Kiel und Bonn gehen die Männer fürs Feinste erneut ans Werk. Und unter persönlicher Aufsicht des kriminologischen Geheimzirkels wegen späterer Nichtaufdeckbarkeit wird perfekt und minutiös der Anschlag vorbereitet.

Dreikilometerlange Schmiergeldschecks aus einer geheimen Villa am Schmiersee in Bayern gleiten auf die Konten der Executives rüber. Die Chefredaktionen der weltweiten Presse werden schon mal dezent vorab informiert. CIA, BKA und KGB trinken jetzt auf Brüderschaft, und der bedrohte Popstar formiert seine Gegenorganisation, die TIA – auch als **T**ritt **I**n den **A**rsch bekannt. Der Sänger treibt weiter sein Unwesen und sitzt in seinem Anwesen in Southern California. Er läßt die Selbst-

Merkblatt 7

schußgegenschußanlagen neu durchladen und erhöht die geheime Verteidigungsbereitschaft seines Abwehrsystems. Er schaltet seine Nerven auf halb acht bis ganz cool und weiß, dem geplanten Attentat vorausgehenden lowblow Attacken und Schmierunterstellungen seiten der Presse und den diversen schwarzgetönten Langfingerregisseuren bei Funk und Fernsehen kann er jetzt nur noch mit der absoluten Gelassenheit entgegentreten.

NBC, ABC, TBC behaupten nun in dummdreister Form, die letzten künstlerischen Aktivitäten des Popstars im Rahmen großer Benefizveranstaltungen hätte er nur zum Zwecke seiner Ruhmes- und Reichtumsmehrung unternommen. Kein Wort von dem, was er gesagt hätte, sei wahr. Eine üble Verleumdungskampagne wird entfacht. Stinkige, jauchige Schmutzkübel werden gegen ihn ausgeschüttet, aber wenn einer weiß, was es mit all dem Lug und Betrug auf sich hat, dann weiß es der Popstar selbst am genauesten.

Die zu allem und radikal entschlossenen Fans werden sich ohnehin nicht vorführen lassen, sie sind ja keine Blindenhunde, sie sind Sehende im Morast der Intrigenschmiede, und im Stechschritt nach vorne durchschreiten sie gemeinsam mit ihrem Popstar physisch, psychologisch, mental und rektal den Weg durch die harten Zeiten.

Die Attacken der Medien- und Meinungsteuermänner im großen Lügendampfer sind vielfältig und bedienen sich weltweit unterschiedlichster Methoden. In Deutschland kann es z. B. passieren, daß im Radio dann plötzlich nur noch fremdsprachige Songs gespielt werden, damit auch keiner mehr versteht, was hier eigentlich Sache ist.

Das große Naffelpublikum ist auf der Stelle dazu bereit, sich auf ausschließliches Englischmusikhören einzustellen, von der

Merkblatt 7

Firma: »Gut gehört und nichts verstanden.« Die kleinen Kinder plärren: »Rock me on the floor and fuck me in the morning«, und es ist alles kein Problem, weil ja sowieso keiner weiß, was das heißt. Die Klartext- und Glasnostabteilung wird aus alibitechnischen Gründen einige tausend Kilometer weiter ostwärts verschoben.

(Aber zu Moskau und Gorbatschow später noch.)

Es wird so getan, als wäre die Bundesrepublik der 53. Staat der USA, und da sind die Leute ja nun politisch auch nicht gerade auf Oberzack. Die deutsche Jugend wird konsequent durchamerikanisiert und wird in die Micki Mouse-mäßigen Großdiscos geschickt und zu den Pettingshop-Parties aufgerufen.

Der politische Sänger wird nunmehr in einem Rundumschlagverfahren zu einem hoffnungslosen, hippiemäßigen körnerfressenden subalternen Pop-Opa und langhaarigen Stinkefinger-Langweiler erklärt. Selbst wenn er im Rahmen einer weltweiten Satellitensendung »Live Aid« die wahren Hintergründe der Tragödie in Äthiopien rüberbringt. Selbst wenn er große Aktionen gegen Ausländerfeindlichkeit, wie vom DGB »Mach meinen Kumpel nicht an«, und »Rock gegen Rassismus« unterstützt und im Rahmen seiner Möglichkeiten das Tauwetter zwischen Ost-West und das bessere Verständnis zwischen Nord-Süd weiter aufzufrischen versucht, wird er von seinen politischen Gegnern wie auch von hirnlosen Blindschleichschreibern in die Pfanne gehauen. Ja, von dem Love & Peace & Victory-Zeichen mit den zwei Indianerfingern ist in diesen Zeiten der Verblödung nur noch der fantasielose »Fuck you!«-Mittelfinger übriggeblieben.

Doch der Popstar erhebt gnadenlos die Kampfesfaust und klopft sich auf die schmale Brust, erinnert sich an das einmal gefaßte Grundgesetz, das Basis all seines Denkens und Tun ist, ein klarer Antifaschismus, und er läßt sich unter keinen Um-

Merkblatt 7

ständen das resignative verstellbare Rückgrad einschrauben.

Zurück zu der bereits oben angeführten alternativen Berufswahl. Vielleicht Bundespräsident der BRD? Der Popstar als Präsidentschaftsanwärter gewissermaßen. Dazu sollte der Popstar das angemessene Alter von etwa siebenundfünzigeinhalb Jahren erreicht haben. Über rechtzeitig eingefädelte parteiübergreifende Maßnahmen sichert er sich den Zugang zu den zahlreichen Wahlmännern des Bezirkskreises Gronau-Süd oder Harlem oder Liverpool. Später geht er dann über zu gezielten weltweiten Friedensmaßnahmen. Hier zum Beispiel sind Treffen mit hohen Politikern des In- und Auslandes von größter Wichtigkeit. Und nicht zu vergessen, vorgegebene Basisnähe, d. h. viele intensive Gespräche mit den künftigen Wählern an der Fritten-Bude oder bei MacDonalds. Dazu spektakuläre live-Satelliten-TV-Auftritte. Live deswegen, weil die da ja sonst irgendwas vom wahren Wort herausschneiden könnten.

Austausch von Geschenken und Briefen mit Staatsoberhäupten und Staatsratsvorsitzenden wie z.B. Erich Honnecker. Ein gut getimed erscheinendes Buch, wie der Kollege Gorbatschow das vor mir auch schon gemacht hat, damit die Weltbevölkerung nachlesen kann, wie und in welchen Punkten nun demnächst alles geändert werden muß. Vorteilhaftes Auftreten in sämtlichen Talkshows, sich äußernd zu sämtlichen Belangen des Lebens.

Mut, Zuversicht und Perspektiven abstrahlend, geschickt gemischt mit gesanglichen Darbietungen.

Hier sind Hits, die das gesamte Volk erfreuen, von besonderer Hilfe, z. B. »Horizont«:

Merkblatt 7

Wir war'n zwei Detektive, die Hüte tief im Gesicht.
Alle Straßen endlos, Barrikaden gab's für uns doch nicht.
Du und ich, das war einfach unschlagbar.
Ein Paar, wie Blitz und Donner
und immer nur auf brennend heißer Spur.

Wir war'n so richtige Freunde für die Ewigkeit,
das war doch klar.
Haben die Wolken nicht gesehen
am Horizont
— Bis es dunkel war.
Und dann war's passiert.
Hab es nicht kapiert
— ging alles viel zu schnell.
Doch zwei wie wir
die dürfen sich nie verlieren.
Hinterm Horizont geht's weiter –
ein neuer Tag.
Hinterm Horizont immer weiter –
zusammen sind wir stark.
Das mit uns ging so tief rein,
das kann nie zu Ende sein.
So'was Großes
geht nicht einfach so vorbei.

Dann kann man sich schon mal in der Villa Hammerschmied oder im Palais Schaumwein ein angemessenes Apartment vorausbestellen oder auch schon mal ein Probeliegen veranstalten im volkseigenen Prunkmausoleum. Dann sucht man sich jetzt

Merkblatt 7

im besten Möbelhaus schon mal die richtigen Möbel raus, notfalls greife man auf's Bundesmuseumsarchiv zurück.

Ein gepflegtes Art Deco wird dem künftigen Präsidenten sicherlich sehr gut zu Fuße stehen. Sämtliche Kunstwerke dort, Skulpturen und Filzbadezimmer, sollten persönlich angefertigt sein vom großen alten Freund Joseph Beuys, dem Mann, der da einst sprach: »Jeder ist Künstler, jeder kann alles. Open it all up – alle Universitäten und alle Regierungen.«

Dann lehne man sich verträumt zurück und warte noch die verbleibenden 15 Jahre ab und freue sich schon mal auf das dreifache Hochgeschrei der Weltbevölkerung, denn wo hat es schon mal einen Präsidenten gegeben, der die Nationalhymne selber neu komponiert, weil er doch ein so begnadeter Komponist ist, der die neuen Gesetze des weltweiten Humanismus in vokalistischer Weise darbietet und jegliche Aufmarschiererei der Militärparaden mit »Knarren hoch« ablehnt und sagt: »Keine Soldaten wollen wir sehen und keine Gewehre, diese Symbole der tragischen Vergangenheit, sondern Gitarren sollen her, und hochgehalten werden sollen sie von all unseren wunderbaren Rock'n Rollern, unseren Kreuz- und Querdenkern, unseren Intellektuellen, unseren Exoten, Clowns und Gauklern und den Rasselbandenkindern in Panikland.«

Jetzt muß nur noch die First Lady her – es könnte aber auch ein First Man sein. Hunderttausend First Ladies oder eine Million First Männer oder gleich das gesamte Volk feiert in nie dagewesenem Partystil die neue Politik im Regierungsviertel.

So einfach ist das alles?

Naja, bei mir ist es natürlich wieder alles ganz anders.

Merkblatt 7

Die Leute sollten sich nicht ganz so große Sorgen machen, daß ich mich anschicke, irgendwann der Bundespräsident der Bundesrepublik Deutschland zu werden. Ich finde Weizsäcker macht seinen Job sehr gut, und ich hoffe, daß er noch ganz lange fitbleibt.

Ich hatte das Privileg, ihn persönlich näher kennenzulernen. Einen offenen und flinken Eindruck hat er auf mich gemacht, sehr neugierig, auch er ein Forscher noch auf die alten Tage. Interessante Gespräche über Jugendkultur, Kirchenjugend, Gewerkschaftsjugend und über die **Sieben** berechtigten Wünsche und Forderungen vieler junger Leute, die sich noch nicht ganz weggeschaltet haben, die Lust haben, sich einzumischen, mitzugestalten.

Die Möglichkeiten suchen, Demokratie basismäßig wahrzunehmen. Junge politisch denkende Frischlinge, die sich oft aber noch nicht so richtig durchzusetzen vermögen gegen so viele Gummiwände einer noch zu unbeweglichen und unbewegten Gesellschaft. Nein, Ritchi soll das weitermachen, und ich hoffe, noch ganz lange. Wenn er dann irgendwann auf Pension machen will, und die haben dann gerade keinen anderen da, okay, dann wär' ich unter Umständen bereit, diesen harten Job zu übernehmen. Aber bis dahin ist noch viel Zeit.

Auch muß ich noch weiterreifen. Ich, der ich noch ein recht junger Mensch bin, ein Suchender auf meinem eigenen Weg.

Als Popstargröße gerät man oft mit den Medien in Clinch. Das ist ja auch ganz normal so, und das ist auch völlig in Ordnung so. Wenn genau recherchiert, genau gekuckt und konstruktiv kritisiert wird, kann ich das nur für 'n Vorteil halten. Wenn hingegen in übelster Weise geschmiert wird, auch von Leuten, denen ich ansonsten Schlaueres zutraue, dann ist es manchmal schon schmerzlich. Ich back mir dann meistens zwar trotzdem ein Rührei drauf, obwohl mir der Arzt zuviel Cholesterin verboten hat. Aber es ist doch bedauerlich, daß so Zerr- und Schrägbilder über mich und meine Arbeit in der Öffentlichkeit entstehen.

Es gibt da 'n paar Magazine in Deutschland, die ich politisch sehr gut, genau und integer finde, jedoch gibt es in den Kulturredaktionen einen solchen Qualitätsabsturz, daß ich mich manchmal frage: Wo haben denn diese Leute ihre schlechten Kenntnisse für Zweimarkfünfzig auf irgend'ner Hinterwaldkirmes geschossen?

Da sitzen viele Leute, die wahrscheinlich selber gerne Popstars geworden wären, oder große Bücherschreiber, oder Literaturnobelpreisträger. Haben's aber nicht gepackt. Was haben sie nun? Eine Riesenladung Neid und Frust in der Tasche. Und wenn dann die Freundin zu Hause sich auch noch mein Poster aufhängt und, mit gläsernem Blick auf mich gerichtet, Hand an und für sich legt, dann ist das Ende der Fruststange erreicht. Dann hecheln sie in ihre Redaktion und schmieren sich eine solche Grütze zusammen, daß es mir leid tut für jeden Baum, der für Papierumwandlungszwecke aus den subtropischen Regenwäldern rausgeholzt wird.

Viele solcher Schreibernaffels unterstellen mir, ich engagierte mich in der Politik und zeigte politisches Interesse, um so ein paar mehr Platten zu verkaufen. Da fühle ich mich grundsätzlich mißverstanden. Den Überklops haben sie dann 1987 mit Honnecker gebracht.

Okay, ich geb ja zu, ich hab' dann irgendwann auch die Überdosis Honnecker abgekriegt. Aber gemeint war das gut, und das finde ich nach wie vor alles absolut richtig. Über alle Grenzen rüber. Mauern sind zum Abreißen da, und das alles, wenn's geht, nicht mit der verkniffenen Fresse, sondern auch mit nicht zu knappen Späßchen.

Neue Freundbilder entwickeln heißt es, und alte Feindbilder ein für alle mal in den Gully schmeißen. Weg mit jeder Art von

Bremsklotz in Sachen Systemüberwindbarkeit. Die paar Kilometer zwischen Frankfurt/Oder und Frankfurt/Main! Partnerschaft, Freundschaft und Neugierde soll sein für die jeweils andere experimentelle Gesellschaftsordnung. Wozu sind Kriege da, und wozu sind auch kalte Kriege da?

Dafür, daß sie in ganz naher Zukunft ein für alle mal beendet werden! Sie liefern immer nur Anlaß für immer mehr Waffenproduktion, die Bürger werden verarscht, belogen und betrogen, und die Ressourcen werden abgesogen, all die Gelder, die gebraucht werden für, und was liegt hier näher – die Menschen in der Dritten Welt, die tagtäglich zigtausendfach abkratzen, weil sie nichts zu essen haben. Das ist das große Verbrechen, das die Menschen auf der nördlichen Halbkugel jeden Tag aufs neue begehen. Mehr oder weniger bewußt. Aber die, die es unbewußt mittragen, sind auch Mittäter und machen sich mitschuldig. Die Ansätze von Gorbatschow sind hier einfach obergeil. Zum ersten Mal geht die Rüstungsschraube runter.

Was aber ist mit unserer Birne? Er hält sich ja viel mit Absitzerei auf. Frißt der Mann eigentlich täglich 'ne Ladung Zeitlupolin 2000? Aber jetzt macht Kohl auch sein schlaffes Hosianna dazu. Sein Spruch mit »der Gnade der späten Geburt« geht mir immer dann auf den Nerv, wenn ich denke, er hat aus der Geschichte nicht genug und viel zu langsam gelernt. Helmut, Deutschlands Oberschnecke, in deren Schleimspur sich die Ewig-Gestrigen recht und rechts wohlfühlen. Vor dem Hintergrund zweier grausamer Weltkriege von deutschem Boden aus sind gerade die Germanen in West und Ost dazu verpflichtet, abrüstungs- und friedenstechnisch als weltweite Pioniere voranzugehen.

7 ja, Honnecker! In <u>solchem</u> Sinne hauptsächlich habe ich versucht, dich zu sehen, weniger als jemand, der sich besonders gerne Rock'n Roll anhört. Im Bereich Friedensbemühungen habe ich in DDR-Regierungskreisen des öfteren mehr Offenheit gefunden, als bei manchen Traditionaldenkern in der BRD-Regierung.

Gleichzeitig, damit es da keine Mißverständnisse gibt, finde ich in der DDR so vieles so gründlich daneben, daß mich in Anbetracht der Lebenssituation vieler Individualjongleure dort 'ne ziemliche Wut überkommt. Aber soll ich deshalb einstimmen in das Geheul der kalten Krieger? Hab ich nie für richtig gehalten. Werd ich auch nie machen.

Ich versuch lieber ein bißchen aufzulockern. Wenn auch die Räder vom Sonderzug nach Pankow immer noch ein bißchen klemmen und das Schmierölin an der Achse zur Zeit mal wieder in der Stagnationsfabrik eingetrocknet ist, bin ich trotzdem der Auffassung, daß es total wichtig ist, es immer wieder zu versuchen. Schließlich besteht die DDR im wesentlichen nicht aus ihrer Regierung, sondern aus den Menschen, die dort leben.

Aber ohne Honnecker komm ich da nicht rein, hab' ich mir gedacht. Wenn ich mit zum Beispiel meinem Schalmeiengeblase und meinem Rock'n-Roll-Edelgesang auch sein Herz in Butter verwandle und ihn mit meinen Scherzchen in solcher Weise erfreue, daß sein altes Indianerschalkauge wieder durchkommt, macht er vielleicht das Tor auf. Denn mit verkniffen haben wir stets immer schon voll danebengegriffen.

Ich habe Honnecker nach zärtlichem Brief- und Geschenkeaustausch, nach Techtelmechtel und stacheldrahtüberwindender Flirterei dann endlich (auch auf seinen Wunsch) in Wessiland getroffen. Der Doktor Oberlustig war er ja nun auch nicht gerade.

Er hat sicherlich auch 'n harten Job und fragt sich manchmal in seinem eigenen Rückspiegel, ob der Beratervertrag mit der **D**eutschen **D**esillusions-**R**epublik das richtige für ihn war. Er, ja wohl auch in leninistisch-marxistischer Tradition fest verankert, geht als mühsames Eichhörnchen durch die harten Zeiten der globalen Veränderungen durch. Ich versuche neben meinen diversen Späßchen mit ihm, ihn so ernst zu nehmen, wie es mir geboten erscheint. Natürlich brachte ich meinem alten V.I.P.-Freund Erich ein Geschenk nach W.U.P.-Tal (Wuppertal) mit.

Auf dem roten Präsidentschaftsanwärterteppich latschte ich mit entspanntem Knie auf ihn zu und drückte ihm eine frischgestimmte Rock'n Roll-Klampfe in seine sozialistischen Finger. Gitarren statt Knarren, und es gab ein kurzes Gespräch. Zu knapp zwar, doch er bat mich zu verstehen, er sei sehr in Eile. Eine Petition, die ich vorbereitet und vorzulesen beabsichtigt hatte, inhaltlich auf die Situation, auch Knastsituation, vieler Kollegen in der DDR bezogen, nahm weder er noch die deutsche Presse in angemessener Weise zur Kenntnis. Ein großer Teil der Presse schmierte am nächsten Tag irgendwas von »El Penetranzio« und Anschleicherei.

Die hatten's immer noch nicht begriffen. In so einer klemmigen Welt muß man einfach immer neue Versuche unternehmen. Erich sagte noch: »Udo, wann sind Sie denn wieder bei uns? In der Hauptstadt.« Ich sprach: »Alsbald, Erich! Stell den Krimsekt schon mal kalt, nun wird doch bald alles gut und keine Panik!«

Entschuldigen Sie,
ist das der Sonderzug nach Pankow.
Ich muß mal eben dahin, mal eben nach Ost-Berlin.
Ich muß da was klären mit Eurem Oberindianer.
Ich bin ein Jodel-Talent
und will da spielen mit 'ner Band.
Ich hab 'n Fläschchen Cognac mit
und das schmeckt sehr lecker.
Das schlürf ich dann ganz locker
mit dem Erich Honecker und ich sag:
Ey Honey, ich sing' für wenig Money
im Republik Palast, wenn Ihr mich laßt.
All die ganzen Schlageraffen dürfen da singen
dürfen ihren ganzen Schrott zum Vortrage bringen
nur der kleine Udo – nur der kleine Udo,
der darf das nicht – und das versteh'n wir nicht.
Ich weiß genau, ich habe furchbar viele Freunde
in der DDR und stündlich werden es mehr.
Och Erich, ey, bist Du denn wirklich so ein sturer Schrat,
warum läßt Du mich nicht singen –
im Arbeiter- und Bauernstaat
Ist das der Sonderzug nach Pankow?

Honey, ich glaub'
Du bist doch eigentlich auch ganz locker.
Ich weiß, tief in Dir drin,
bist Du doch eigentlich auch 'n Rocker.
Du ziehst Dir doch heimlich
auch gerne mal die Lederjacke an,
und schließt Dich ein auf'm Klo
und hörst West-Radio.
Hallo Erich, kannst' mich hören –
Hallolöchen – Hallo –

*E*s wird weitergehen, es muß weitergehen. Ich will kein Konzert für Honnecker, Krenz und sonstige Funktionäre da machen, sondern für die Paniksympathisantinnen und -sympathisanten im anderen Deutschland. Die ganze Band ist richtig spitz drauf. Wir alle wollen, daß das ganz bald passiert, und werden weiter dranbleiben. Und wenn irgendwelche Blödköppe da was bringen von Anbiedermann und Promotionanwalt in eigener Sache, dann rufe ich keß zurück:

»Fuck yourself, ihr, die ihr da unten tief in der Null-Beleuchtung wohnt. Ich bleibe jederzeit ready und voller Liebe für das Mädchen aus Ostberlin und meine Freunde in Dresden und Leipzig oder Frankfurt an der Oder oder weder oder wie oder was oder überhaupt. Hauptsache überhaupt!«

Eins ist doch klar, Politikern alleine darfst du sowieso nichts überlassen. Daß die zuviel Scheiße bauen, lehrt die Geschichte. Es kann nur gutgehen, wenn das Haus von unten mitgebaut wird, wenn sich die Ratten aus den Kellern einmischen und sich die Welt so zurechtbauen, wie sie das haben wollen, und nicht wie's ihnen von oben reinregiert wird.

Auch in solchem Sinne habe ich meine Arbeit immer verstanden. Gegen die Wegbügelei und gegen den Verrat unserer Möglichkeiten hier. Gerade in der Bundesrepublik haben wir ein exzellentes Grundgesetz. Eine wirklich unschlagbare Spitzenbasis für 'ne bunte Gesellschaft, die sich endlich hocherheben sollte über die Schatten der faschistischen Kotzvergangenheit.

Ich hab' immer versucht, Leute anzutörnen auf's Einsteigen. Ich habe nie das Lied der Aussteiger gesungen. Unbescheidenes Vorgehen, vom Kindergarten bis zum Altersheim. Immer reichlich Power in der Tasche und das Maul ganz weit auf und alle Interessen durchsetzen. Ich verabscheue den alten deutschen Gehorsam – immer sagen: »Wir sind so kleine Fuzzis, wir können da gar nichts machen!«

Geschichte finde ich rasend interessant. Viel interessanter als die 96. Folge von »Dallas« oder »Knightrider«, obwohl das eine das andere nicht ausschließt.

Mein alter Freund Baron Alfred von Meysenbug liest mir gelegentlich, wenn ich mal wieder völlig schlaff und verwahrlost von den Spielplätzen des Paniklebens nach Hause komme, aus dem großen Geschichtsbuch vor, und das packt mich oft mindestens genauso wie ein richtig geiles Rock 'n Roll Konzert.

Politik und Spaß – das ist in Deutschland in dieser Kombination ziemlich fremd. Da muß man einfach die Attacke noch einen ganzen Gang schärfer fahren. Mit Spaß und locker könnte man viele Leute antörnen auf's Einsteigen. Da gibt's noch viel zu tun. Man bedenke die schwierige Lage, auch der Kabarettisten und Satiriker hierzulande, auch von Leuten wie Hildebrand, Hüsch und Husch und den drei Tornados, die tagtäglich die Erfahrung machen, daß politischer Humor in Deutschland immer in viel Unverständnis und Bierernst ertrinkt.

Ich denke an die vielen kleinen »victims«, all diese Modeopfer, die gründlich durchverarscht werden von den Oberregisseuren in den Chefetagen der Psycho- und SchickimickiTrend-In-und-Out-Industrie. All die Leute, und ihre kleinen eingeimpften Eitelkeiten, die müssen wir doch antörnen auf die Erhabenheit, auf den Hochsitz des Lebens sollen sie hochhüpfen und mehr im Kopp haben als, mit welchem Pullover und welchen Lackschuhen von der Firma Benetton-Unbedenklich sie bei der Party erscheinen müssen, und daß sie mit dem ganz speziellen Auto vorfahren müssen, und keinesfalls die falsche Uhr ... Das geht doch sogar soweit, daß an manchen Schulen die Kinder sich schon nicht mehr ohne das richtige Marken-T-Shirt in die Klasse trauen. Sie werden sowas von durchgetrickst und abgegriffen mit all dem vielen kleinen Krempel, den man kaufen kann, mit all dem Statusbehänge, daß sie die wirklich wichtigen Dinge des Lebens einfach nicht mehr sehen.

Die Leute, für die Palästina und Chile, Nicaragua und Soweto so viel weiter weg ist als ein Gespräch darüber, welche Champagnermarke gerade »en vogue« ist, das sind die kleinen Opfer. Das sind aber auch die stillen Täter. Das ist die schweigende Armee, die die ganzen Tragödien mitträgt. Zigtausend Panzer und neue Killerflugzeuge, und dann vielleicht auch noch SDI und 'n paar Milliarden oder Billiarden für noch mehr Tötungsmaschinerie und Mörderwerkzeuge obendrauf. Und Ruhe ist die erste Bürgerpflicht?

Und darum liebe ich Dich noch mehr

Christlich soziales Gas, Weihwasserwerfer –
und die Polizei schießt immer schärfer.
Kommst nach Haus,
wilde Wut, Geballte Faust –
geronnenes Blut.
Ja, die Polizei schießt immer schärfer.
Solange noch ein Mensch verhungern muß
und sinnlos stirbt, wirst Du weiterkämpfen
und macht man's Dir auch noch so schwer.
Und darum lieb' ich Dich – und darum
lieb ich Dich noch mehr.
Gummigeschosse – Du im Visier –
Polizeikontrollen, Hubschrauber dröhnen, Panzer rollen –
Du bleibst cool, beherrscht Deinen Zorn
Eine falsche Bewegung, ein Schritt nach vorn.
Das ist das, was sie wollen.
Solange noch ein Unrecht totgeschwiegen wird
und Du die Wahrheit sagst und schreist,
damit man Dich auch hör'.
Solange sie Dein Land zum Waffenlager machen
und Du spürst: Ich kann nicht leben,
wenn ich mich nicht wehr' –
und darum liebe ich Dich noch mehr!

*N*ein! Wir haben gegenüber der südlichen Halbkugel eine viel zu große Verantwortung, und wir, »Die Reichen von der Nordecke der Welt«, müssen dafür sorgen, daß der grausame stumme Nord-Süd-Krieg und das Elend im Süden ein für allemal der Vergangenheit angehören werden.

Olof Palme und Willy Brandt, mit denen ich einige Gespräche hatte, haben mich noch einmal bestärkt in der unerschütterlichen Auffassung, daß die vielen tausend täglichen Opfer in der Dritten Welt mit dem ganzen teuren Rüstungswahnsinn im Zusammenhang zu sehen sind. Es ist doch wirklich pervers, daß es hier ein so Vielfaches an Militär gibt, als selbst im Kriegsfall erforderlich wäre. Wobei wir doch wohl endlich mal davon ausgehen sollten, daß der Krieg nie wieder stattfinden darf, zu nichts eine Alternative sein kann.

Und für Altdenker: Selbst 10 von diesen Raketen, auf jeder Seite nur zehn, würden schon ausreichen, den absoluten Horror über diese, unsere gemeinsame, Welt zu bringen. Wozu dann noch der Soldat Erwin Naffelmann in dem neudurchgestylten Kampfanzug mit der zehnfachen Mehrwertsteuer-Schleudergranate, und ständig muß der Panzer durchgeölt werden und dann auch noch Schützengräben ausgraben. Wer kann denn heutzutage noch so beknackst sein anzunehmen, daß all das im Atomwaffenzeitalter von irgendwelchem Abschreckungsnutzen sein könnte? Die Zeit ist gekommen, jegliches Militär abzuschaffen. Es ist zu teuer und hirnrissig.

»Sag Nein – Say No«, ein Co-Text von Bertolt Brecht (1954, Wiener Friedenskongress) und mir (1987):

We say No – Say No!
Laßt uns das tausendmal gesagte
immer wieder sagen
damit es nicht einmal zuwenig gesagt wurde
Laßt uns die Warnungen erneuern
und wenn sie schon wie Asche in unserem Mund sind
denn der Menschheit drohen Kriege
gegen welche die vergangenen wie armselige Versuche sind
und sie werden kommen, ohne Zweifel
wenn denen, die sie in aller Öffentlichkeit vorbereiten
nicht die Hände zerschlagen werden.

Say No
wenn sie kommen, um euch zu holen
Say no
für ihr elendes Geschäft
Say No
wenn der Resignator sagt
Widerstand hätt nichts gebracht
und der Krieg wär' nicht zuletzt
auch so'ne Art Naturgesetz
Say No!

Mutter, Frau und Braut
Schrei es raus, schrei es laut
Mein Mann, mein Sohn, nicht nochmal
in die Hand vom General
Say No!
Von Moskau bis Chicago
Von Beirut bis nach Tokio
Von Kairo bis nach London
Von Frankfurt bis nach Ost-Berlin

Say no!

Weg mit dem ganzen Schrott! Macht die ganzen Kohlen frei und schickt sie rüber in Sachen Selbsthilfe und Unterstützung für unsere Partner und Freunde jenseits des Äquators. Die Zeit der großen Verarsche muß zu Ende gehen. Die Ansätze, die es gibt in Moskau und Washington, sind ja wirklich hocherfreulich.

Jetzt, Birnekohl Schlaffnase, der du mir oft wesentlich zu lau bist, schnelle hervor und unterstütze diese Entwicklung mit der ganzen Vehemenz und Radikalkraft der deutsch-deutschen Friedensbewegung, weil wir ja selber zur Zeit nicht das Kanzleramt unter Kontrolle haben. Schon ein bißchen bizarr, daß du das im Moment machen mußt. Aber wenn's schon sein muß, dann mach hier nicht auf müde Fliege, sondern komm hoch mit deinem Absitzarsch und nutze deine letzte Chance.

*E*gon Bahr und Valentin Falin und das schwedische Friedens-
forschungsinstitut – ich habe viele Durchblicker auf meinem
Weg getroffen, und gern habe ich mir die Information geholt und
hatte auch immer den Eindruck, das ist ganz wichtig so, denn
wenn ich mich dann auf die Bühne stelle mit meinen Songs und
spreche zum Publikum, dann muß das ordentlich fundiert sein,
und ich muß total genaue Kenntnisse über die Möglichkeiten
haben, die es hier gibt und die von vielen immer noch verschla-
fen werden.

Ich hab' da keine Promotionaktionen gefahren, mit den diversen Politikern, sondern hab' da gesessen mit dem ganz langen
Lauscheohr und hab' mir von all diesen Experten erzählen lassen, welche Wege es gibt in Sachen Frieden und Abrüstung. Das
atomwaffenfreie Mitteleuropa wäre so ein erster Schritt, angeregt
durch den inzwischen ermordeten schwedischen Staatschef Olof
Palme. Ein Konzert dazu, an dem ich teilnahm in der DDR im
Palast der Republik, Ende 83, mit meinem Spruch, daß sowjetische Raketen genauso Scheiße sind wie amerikanische, hatte
dann zur Folge, daß ich seither nie wieder in der DDR auftreten
durfte. Von der Fünfkontinente-Initiative, unterstützt durch die
Staatschefs von Mexiko (de la Madrid), Schweden (Olof Palme)
Argentinien (Alfonsin), Indien (Gandhi), Tansania (Nyerere),
Griechenland (Papandreou) bis zum Protest gegen Mutlangen
und Wackersdorf – da wo dann die Deutschen irgendwann, wenn
alles ganz schief geht, sich ihre eigene Atombombe bauen
können im Wiederaufbereitungsplutoniumverfahren.

Vom weltweiten Friedensstreben zum inneren Frieden: Und der
kann natürlich auch nur dann funktionieren, wenn wir hier in

einem wirklich bunten Land leben mit großem Respekt vor allen denen, die woanders herkommen, anders denken, andere Kultur, andere Religion haben. Das macht doch unser Leben hier nur interessanter. Ich bin dafür: *BU*ₙ*TE* ʀE^P*UBLI*ᴋ *DE*ᵤ*TSC*ᴴ*L*ₐ*ND*.

Ganze Jumbos voller Eskimos und dann stehen wir am Bahnsteig und begrüßen jeden Zug, denn graue deutsche Mäuse, die haben wir schon genug.

Guckt euch New York an, so'n Kulturschmelzpot, da wo die unterschiedlichsten Hirne und Hautfarben zusammenkommen und zusammen immer wieder ganz neues und ganz frisches Leben entfachen. Durch den inneren Frieden bedroht sind viele meiner Freunde, die zwar woanders herkommen, aber hier leben. Viele von denen sind hier geboren. Türken zwischen den Stühlen, nicht richtig zu Haus in Ankara und in Essen auch nicht.

In einem Land mit 'ner solchen Vergangenheit muß es nun endlich mal richtig nach vorne gehen. Das Leben von der Breitseite, wie Ali das hier so mitkriegt, ist durch nichts zu rechtfertigen:

Ali ist ein Türkenjunge aus Hamburg,

hier geboren, doch wo gehört er eigentlich hin?

Dauernd gibt man ihm so'n Gefühl, als müßte er sagen:

Entschuldigen Sie, daß ich geboren bin.

Ali trifft sein Mädchen in dunklen Läden,
sie nimmt ihn nie mit zu sich nach Haus.
Sie sagt: Mein Alter, mit dem kann man leider nicht reden,
der hat so Müllsprüche drauf, wie »Kanacken raus!«

Und er denkt an das Land seiner Eltern,
das er nur von Bildern kennt und vom Fernsehen,
das Land, das sein Vater die echte Heimat nennt,
Istanbul, das Schwarze Meer –
am Bahnhof schaut er den Zügen hinterher,
doch wahrscheinlich in Ankara,
hätt' er Heimweh nach Hamburg – Altona.

So hängt er mit den Gefühlen zwischen den Stühlen,
umgeben von Ghetto-Mauern,
isoliert wie im Knast und trotzdem Ali,
ist das hier dein Zuhause.
Heimat ist einfach da,
wo Du Freunde hast.
Egal wo Du herkommst, wo eins nur wichtig ist,
daß Du'n guter Kumpel bist.
Vergiß jeden, der Dich anmacht,
'ne echte Peinlichkeit
gerade hier
im Land mit der braunen Vergangenheit.

Daß ich schon immer politische Sachen gemacht habe, war mir anfangs gar nicht so richtig bewußt. Das kam erst ein bißchen später. Die konkreten politischen Überlegungen und die damit verbundene Absicht, mich in irgend 'ner Form genauer einzumischen, wurde durch ein paar Freundinnen und Freunde mitmotiviert. Genauer einsteigen und mithelfen, auch durch meine Prominenz bestimmte Veränderungen mitvoranzutreiben, politische Aktionen zu unterstützen, die sich auch mit meinen Vorstellungen von einem besseren Deutschland, von einer faireren Welt verbanden, und ich habe das dann auch konsequent gemacht.

Zum Teil so konsequent, daß es anfing, sogar etliche meiner Fans zu stören: Bei Promotionreisen, Radio- und Fernsehinterviews wollte ich was erzählen, über meine neuen Songs und die anstehende Tournee, aber viele wollten von mir dann eigentlich nur noch den Kommentar zur Lage der Nation haben. Auf einmal war ich so 'ne Art »Sprecher der Grünen«, und die Musik rutschte immer weiter in den Hintergrund. So hatte ich mir das nun auch wieder nicht gedacht. Beides ist wichtig, und beides muß ganz vorne sein, weil beides sehr viel miteinander zu tun hat.

Die Grünen, ja, die sind 'ne große Chance und sehr wichtig. Wir haben damals die »Grüne Raupe« gemacht. Viele Musiker, Künstler und Kulturarbeiter – es waren große rasante Wahlfeste, und wir haben es für wichtig gehalten, den Grünen in den Bundestag zu verhelfen, weil wir der Ansicht waren: Da müssen einfach all die anderen Gedanken und all die total fri-

schen Ansätze mal richtig reingepustet werden in diese Bonner Schlafanstalt.

Ich hoffe, daß die Grünen den großen Auftrag nicht in den Sand setzen und sich nicht durch zu viel Bruder- und Schwester-krieg selber wieder plattmachen. Das würde mich aufs Entschiedenste betrüben.

Deutschland ist ein Land, in dem ich sehr gerne lebe, nur will ich, daß hier alles noch ein bißchen besser und schneller wird, und dafür will ich mich auch weiterhin gemeinsam mit vielen anderen einsetzen. Es gibt in meinem Leben schon Angelegenheiten, die mir wichtiger erscheinen als meine Karriere: Die Karriere läuft ja sowieso.

Auf jeden Fall habe ich es nie für richtig gehalten, sich wegen etwaiger Plattenverkaufseinbußen da nicht aufrecht hinzustellen und so auf Leisetreter zu machen. Ich habe mich bis heute nie prostituiert, und das ist eine Selbstverständlichkeit für mich. Ich bleib dem aufrechten Gang treu, und wenn irgendwann nicht, dann könnt ihr mir alle die Lizenz entziehen:

In der U-Bahn kreisen Sprüche
und die Sprüche sind nicht neu
vor fünfzig Jahren klang das ähnlich
und war im Sinne der Partei

Und in den Kneipen erzählen sie Witze
brutale Witze und lachen kalt
und sie beschließen, wer ihnen den Job klaut
wird vergast oder abgeknallt

Auf dem Schulhof spielen die Kinder
Türke und Gendarm
und in der Klasse, getrennt nach Rasse
im Geschichtsunterricht gähnen sie lahm

Auf den Straßen und im Fußballstadion
fangen sie wieder an zu schrein
und dann schmeißen grölende Germanen-Gangs
Granaten in die Kebab-Läden rein

...und viele sagen immer noch,
So schlimm ist das doch wirklich nicht
es ist doch hier weit und breit
kein neues Drittes Reich in Sicht

Nein, sie brauchen keinen Führer
nein, sie können's jetzt auch alleine
nein, sie brauchen ihn nicht mehr
diese neuen Nazi-Schweine
und keine braune Uniform
die Klamotten sind jetzt bunt
doch die gleiche kalte Kotze
schwappt ihnen wieder aus dem Mund
sie marschieren nicht in der Reihe
doch die Front steht wie ein Mann
ja, früher waren's die Juden
und heute sind die Türken dran

...und viele sagen immer noch
Das wird sich niemals wiederholen
Aber seht ihr denn nicht an den Häuserwänden
dieselben alten neuen Parolen?!

Nein, sie brauchen keinen Führer
nein, sie können's jetzt auch alleine
nein, sie brauchen ihn nicht mehr
diese neuen Nazi-Schweine
und den hocherhobenen Kopf
und den deutschen Herrenblick
lassen sie niederschmetternd wirken
auf »Untermenschen und sonstige Türken«
sie marschieren nicht in der Reihe
doch die Front steht wie ein Mann
ja, früher waren's die Juden
und heute sind die Türken dran.

Diesen Song habe ich 1984 in Berlin geschrieben. Berlin, auch eine Stadt in der du mit der Geschichte immer wieder voll konfrontiert wirst. Du latscht am Reichstag vorbei, fährst nach Ostberlin, die Hugenottenkirche, die Friedrichstraße – der Alexanderplatz, Unter den Linden und da der Platz, wo die Nazischweine Tausende wunderbarer Bücher verbrannt haben, da steh ich dann, red' mit den Menschen und bin immer wieder geschockt.

Dann fahr' ich weiter nach Kreuzberg und sehe, da lebt nun der absolute Wertewandel, der Aufbruch, in andere Probierschienen des Lebens. Eine Stadt, die total lebendig ist und einen politisch auch gut auf Zack hält.

Politisches Leben ist ein endlos weites Feld, und während ich hier so vor mich hin schreibe, stelle ich fest, ein kleines Kapitel in so einem Buch ist nicht unbedingt der optimale Platz für die umfassende Ausleuchtung all dessen, was mir in der Welt politisch wichtig erscheint. Ich hoffe, ich habe einiges von dem mitteilen können, was meinen Standpunkt ausmacht und meine Haltung.

Der informierte Leser weiß ohnehin über meine diversen Verlautbarungen in Funk und Fernsehen Bescheid, über die eine oder andere Rede, die ich zu halten für richtig hielt, wo ich stehe. Aufsätze und Kommentare in Gazetten und Expertenblättern belegen, wie ich denke. Den Rest entnehmen Sie dann bitte weiterhin der, hoffentlich unverfälschten, Tagespresse.

Mit meinem Freund Günter Amend schrieb ich 1981 den Text »Straßenfieber«:

So laut wie's geht, hören sie Punk und AC/DC

sie fühlen sich geladen, doch wohin mit der Energie?

Wenn man dann draußen wieder mit voller Gewalt

gegen kalte Mauern knallt, kommt das Fieber – Fieber

Gräber aus Stahl und Beton, in denen wir wohnen

man kann nicht leben in solchen Kältezonen
ein bißchen Wärme holen sie sich aus Fusel und Chemie
doch das hält nicht lange und wieder spüren sie:
Fieber, in den Straßen steigt das Fieber
Fieber, auf die höchsten Temperaturen
Fieber, und der Virus greift über
Fieber, in den Straßen steigt das Fieber

Die Polit-Popper in Bonn, die kannste vergessen
die haben die Weisheit mit zu kleinen Löffeln gefressen
einen Lügendetektor gibt's im Bundestag nicht
der wär' auch dauernd kaputt
weil man da zu selten die Wahrheit spricht.
Fieber, in den Straßen steigt das Fieber

Guck dir deine Alten an – meterdicke Mauern
um Herz und Hirn
so ein Klima törnt vielleicht Eskimos an
doch wir haben Angst, daß wir erfrieren
leere Gesichter, die Augen blind
sie lachen nur noch, wenn sie besoffen sind
Eiszeit statt Zärtlichkeit
das schafft Hitze und Gewalt
und die ist kalt – die ist kalt – die ist kalt
Fieber, in den Straßen steigt das Fieber...

No Future

Du sagst: no future
Nur noch drei Jahre
dann werden wir alle krepieren
du sagst, die Gifte wären das einzig Wahre
und damit willst du dich
allmählich wegjonglieren

Du bist erst 15
auf deiner Jacke steht: no fun
wär nix zu ändern
fängst auch erst gar nicht mehr mit irgend was an
du sagst, wie Hiroshima
die ganze Welt in Asche und Schutt
und der Zug rast dem Abgrund entgegen
und die Bremsen sind kaputt

Das Schlimme ist
ich kann dich fast verstehen
doch ich will diesen Weg nicht mit dir gehen
du hast alle Waffen abgelegt
und aufgegeben
und irgendwie aufgehört zu leben

Wenn meine Hoffnung voll am Ende wär
dann gäb's für mich auch nichts zu singen mehr
denn was sollen dann noch
solche Lieder und Gedanken
wenn das Raumschiff Erde
gesteuert wird von eine paar Kranken
von ein paar irren Kamikaze-Piloten
ja, sind wir denn alle solche Vollidioten?
Vergeblich all die Bücher
der Dichter und Philosophen?
und es regieren uns immer noch die Ganoven

Nein, ich will kein Dichter sein
der Blumen bringt
an das Grab der Vernunft
und da was Schlaues singt
Che Guevara und Luther-King
dürfen nicht umsonst gestorben sein
sonst pack ich mein Mikrophon
für immer ein...

Urbi et Gorbi – da geht's ja nun wirklich nur noch nach vorne. Mein Freund und Doppelagent, der Geheimspion Dr. Michel Gaißmayeir aus Berlin-West wie Ost, neuerdings fast nur noch in Moskau, genannt »der Geist«, hat 'ne wichtige Rolle gespielt in Sachen rüberrutschen in Richtung DDR und USSR.

Geist war der Mann, der das damals alles gemanagt hat mit unserem ersten und bisher einzigen 10 Minuten Auftritt im Palazzo de la Prozzo in Ostberlin (mit Harry Belafonte, der es auch nicht anders konnte), dem richtig großen Friedensfestival im Palast der Republik in Ostberlin. Und dafür wurde mir ja richtig einer reingetan. »Nun beteiligt sich Udo am Kommunistengottesdienst« – so Bonner Regierungssprüche. Aber nein, so sprach ich, Kommunist bin ich nicht – Flexibilist bin ich, und zwar weltweiter Kosmopolit und jemand, der es richtig findet, überall dafür aufzutreten, daß alle Raketen wegkommen. Das war 83. Und ich dachte, nun können wir nebenbei ja auch noch 'ne richtig satte Panikorchester-Tournee durch die DDR machen. Aber leider Pustekuchen, wurde abgebogen.

Dann der Eklat im Zusammenhang mit der Kölner Gruppe BAP. Schwierig – dauerte noch. Jetzt haben sie ja Peter Maffay und Bruce Springsteen reingelassen, und die Dinge entwickeln sich. Sie müssen noch ein wenig proben für die Großkonzerte, ein bißchen Erfahrung machen, denn die gigantischen Rockshows, die sind in der DDR ja noch was ganz Neues.

Ich bin ganz optimistisch, daß es nicht mehr so lange dauern wird, und dann darf die Panikband mit Nachtigall dort spielen, und es wird schon keine Tumulte geben, Honey und Egon. Wir

ALLA PUGATSCHOWA

halten das Ding schon cool, denn Tumulte wollen wir auch nicht. Aber Tumulte, sind die nicht das, wovor ihr wirklich Angst habt? Habt ihr wirklich Angst vor dem kleinen Udo und davor, daß die Leute dann durch die Straßen zischen und auch mit Gorbi im Rücken die neuen Gesänge anstimmen? Runterprügeln und wegregieren könnt und dürft ihr diese Gesänge und Wünsche, diesen Aufbruch nach einem anderen Verständnis vom Neuen Deutschland sowieso nicht. Es kann und wird euch nicht gelingen und wäre sicherlich auch nicht in Lenins Sinn, wenn ich Lenin da mal richtig verstanden habe. Das sind doch keine Konterrevolutionäre, die Panikfans. Das sind wache Leute, die sagen, die Zeiten ändern sich. Wir machen das, was sowieso schon gut ist, jetzt noch mal 'ne ganze Ecke besser.

Und wenn ich dazu mit der gleichen Selbstverständlichkeit wie die Bands aus Tiflis und Leningrad, die Kumpels aus Kuba und Nicaragua mit DDR Bands spielen kann, und alle zusammen, auch die Experten aus den USA dabei, dann ist das doch die Sinfonie der Zukunft. Dann sind das die Sujets und Spielregeln einer noch faireren Gesellschaft, die die Jungen sich ja selber ohnehin zusammen bauen müssen, denn die Alten treten sowieso bald an die VEB-Rentenabsicherungskasse zurück.

Ich geh über sieben Berge

und über sieben Brücken

und hüpf noch kurz durchs Minenfeld

und dann bin ich auch schon da

in der Jungen Welt.
Und dann komm ich ganz rasant mit einem Trabant.
In die Haupstadt eingefahren
und da hat Erich dann die Lederjacke an.
Und ich denk' was is'n nun,
ist ja richtig Honeymoon
von Rügen bis zum Thüringer Wald
und es wird zu jedem Bierchen
ein Glas Nost reingeknallt.
Und sie feiern ihren Staatschef,
auf den sie ja nun alle gnadenlos abfahren
und das ist Erich, mit der Lederjacke an.
Es war einmal ein Generalsekretär,
der liebte den Rock'n Roll so sehr,
Gitarren statt Knarren
und locker wie'n Rocker
der Staatsratsmeister sprach zum ZK:
nichts wird mehr so sein, wie es mal war.
Von morgens bis abends ertönt die Schalmei,
und dann stoß ich ihn aus, den Indianerschrei.
Ahuahuahua ...

E.T.
E.K.

*M*it dem Geist sind wir dann nach Moskau gezischt, 85 zum ersten Mal. Plötzlich ging das alles: Weltjugendfestspiele! Die ersten Konzerte, und gleich mit Alla Pugatschowa, der Ober-jodlerin der USSR, ein echter Megastar, mit 150 Millionen ver-kauften Platten im Ostblock. Sie wohnt in der Moskauer Gorki-Allee, und vor ihrem Hause ständig mindestens 295 Fans, egal ob Tag oder Nacht, federballspielend, autogrammsüchtig, die Diva könnte ja am Fenster erscheinen, die Gardinen ein paar Zentimeter zur Seite reißen und mit wohlwollendem Blick auf die Straße runterschauen. Es ist fast unbeschreiblich, wie populär Alla Pugatschowa dort ist (ungefähr so wie Michael Jackson oder Barbara Streusand). Sie hat mich sehr liebevoll dem sowje-tischen Publikum introduziert und meine Texte, von Watscheslaw Kuprianow ins Russische übersetzt, vorgetragen.

Wir hatten gigantische Auftritte. Später dann auch in Lening-rad. Paar hunderttausend Leute, und es war absolut umwerfend. Die Leute haben ein solches Interesse an den Texten und dieser für sie doch noch ganz fremden Bühnenstilistik. Ich, als junger Spagatexperte in der schnellen Gummihose, lutschte Hannes Bauer an der Gitarre rum, und fetzte durch den Saal und machte ihnen auch noch den Kasatschok, und die flippten aus. Ja, und dann wieder die Texte. Die Leute lauschen. Die kennen sich mit Literatur ziemlich gut aus. Es gibt da echt Dichterlesungen für fünfzigtausend Leute im Riesenstadion von Jewtuschenko und Andrej Wossnesensky.

Und dann wieder Russland ganz privat. Und wieder eine Verlobung. Aber dieses Mal für richtig, oder nicht? Noch weiß man es nicht so ganz genau. Katharina aus Moskau, Schauspielerin und Kunststudentin. Da fährst du raus, 80 km in die Vorstadt – im Block 792 Fahrstuhl 625 kommst du dann in die volkseigene Leihmansarde Nummer 900, und da lernst du sie dann kennen, die große Liebe, die große sowjetische Leidenschaft und die große russische Seele.

Das Mütterchen kochte mir die Borschtsuppe und stellte mir vom feinsten russischen Fliege-Elch das Frikassee auf den Tisch. Und ich nehme die Balalaika von der Wand, und ich singe für meine junge Braut, und die großen Moskauer Zauberaugen bestätigen mir: »Hier, junger Mann, liegen Sie richtig!« Und ich blieb 'ne Weile liegen, dann mußte ich wieder weiterfliegen, zurück an die graue Waterkant, und ich greif zum Telefon: 007-095-Vorwahl Moskau. Direktwahl. Ja, ich komme bald wieder, ja, ich habe große Lust, immer wieder nach Rußland zu fahren und dort auch in vielen anderen Städten mit meiner Panikband aufzutreten, von Odessa bis Wladiwostok, und dann ab in alle baltischen Republiken.

Und die Soul, die da rüberkommt, die hab ich wirklich weltweit selten erlebt. Unheimlich lieb und unheimlich freundlich, und jeder, der in aller Zukunft mir noch einmal erzählen wird, der Russe ist schlecht, dem kann ich nur sagen: »Der Russe hat bei mir den ersten Liebreizpreis gewonnen!« Die, die ich kennen-

gelernt habe, sind sowas von unheimlich nett gewesen, daß ich
sie am liebsten alle gleich mit nach Hause genommen hätte.

In 15 Minuten sind die Russen auf dem Kurfürstendamm
sie lassen ihre Panzer im Parkhaus stehen
und wollen im Cafe Kranzler die Sahnetörtchen sehn
Sie kommen uns besuchen, einfach nur mal so
auf Kaffeechen und Kuchen und 'n Fläschchen Pikkolo
Ein Wessi spricht: Ey vergessen sie nicht
der Russe, der ist schlecht
ich frag: Welcher denn? Das sind doch mehrere –
Tja, da hätt ich ja nun auch wieder recht...
In 15 Minuten sind die Russen auf dem Kurfürstendamm

Sie bringen auch Geschenke mit
für die Mädels und für die Freier
Kaviar und Vodka und russische Eier
das KaDeWe wird Partysitz vom KGB

und das Polibüro am Bahnhof-Zoo
wird Separee mit der feschen Lola auf dem Kanapee.

Ein junger Rotarmist ist von den Frauen hier sehr fasziniert
worauf er mal ganz locker eben easy desertiert
nun sitzt er mit 'nem Berliner Kindl im dicken
Daimlerschlitten
und knabbert ganz verträumt an süßen Nougatschnitten
und überhaupt ist alles »Volle Sahne«
weil man sich so prima versteht
und die Russen sind ja gar nicht so
wie immer in der Zeitung steht
und die Leute schleppen was zu saufen ran
und alle ballern sich einen rein
und mit den leeren Flaschen schmeißen die Russen
unsere schöne Mauer ein ...

In 15 Minuten sind die Russen auf dem Kurfürstendamm.

(Thanx B. Streusand/M. Quietschhafer)

Wichtig ist es schon für die ganz junge Popdiva, sich darüber Gedanken zu machen: Wenn dann mal die lange Kohle kommt, wie behält man sie? Wie hat man sie dann immer noch, auch im hohen Alter, wenn man sich etwa anschickt, President of the United States zu werden, und wenn kein anderer so richtig dran glaubt, man sich also selber seinen Wahlkampf finanzieren muß, plus TV-spots, plus Milliarden Handzettel und reichlich teure »Stars and Stripes«-Fähnchen?

Oder man will über ein vorgetäuschtes Ableben unter Zuhilfenahme kostenintensiv ausgebildeter Doubles über den Tod hinaus seinen Reichtum und Ruhm erhalten, oder man will mit 72 in Miami Beach noch den Goldenen Motorbootführerschein machen oder den einen oder anderen solidarischen Promotionfilm für die Grauen Panther in Szene setzen?

Vielleicht muß man sich ja auch, nun, da man 85 ist, wegen des Gebots der ewigen Jugendlichkeit, ein paar junge Frauen für teures Geld kaufen, damit da nichts auffällt. Dazu muß man natürlich die dicke Asche in der Tasche haben für ein paar Geschenke: kleine 18 karat goldene Schühchen oder ein historischer Tanga aus 'nem Inka-Museum. Jede Menge Smaragde und Edelsteine, und öfter mal 'ne Reise zum Luftkurort Acapulco oder zum röchelfrischen Kurzentrum Bad Reichenhall oder auch Kitzlerbühl.

Merkblatt 8:

Der Popstar und der Reichtum, Steuerberater und Banker, Erbschleicher und Abgang.

Merkblatt 8

Vielleicht hat der alte Popstar ja auch 'ne Sommerresidenz am Rande der Sierra Nevada eingerichtet, und nun stört ihn der viele Sand, ewig Wüste, öde Blöde – ein Meer muß her. Durch gezielte Kontakte mit dem Technischen Hilfswerk Nevada-Nord, mafiamäßig gesprochen: »Diese kleine Gefälligkeit werden Sie mir doch bestimmt gerne erweisen«, wird die Umgrabung der Wüste sofort angegangen. Durch Megawassercontainer und Atom-Blubber-Pipeline-Einsatz wird im Schnellverfahren der Wunschsee mitten in der Sandwüste eingerichtet, und auf diesem Instant-Meer dümpelt dann die computergesteuerte Yacht vor sich hin: MS »Isabelle Cherie«. Hier nehme man am besten den Vornamen des vor Urzeiten geehelichten treuen Weibes. Alles nach dem Motto: Weil man sich ja sonst nichts gönnt.

Der Reichtum des alten Popstars wurde so unermeßlich vermehrt, auch durch den schnellen Inkassozugriff einer Erbschaftsantragung durch eine milliardenschwere Verehrerin aus AbiDubai. Ja, nun ist unser Star so unüberschaubar und grausam reich, daß er sämtliche Hindernisse vor seinem Palazzo aus dem Weg räumen kann, die seinen weiten Blick in ferne Kontinente verbauen.

Aus der Sahara machte er die Nordsee, und aus der Nordsee die Sahara. Und die Sahara wurde der Sandkasten für seine Kinder. Für nur ein Konzert ließ er die Alpen abtragen, weil es ihm gefiel, über die Toscana zu schauen. Die Eintrittsgelder für seine Konzerte wurden den Bürgern gleich von der Steuer abgezogen. Er war so unermeßlich reich: In Europa spielte er nur zwei Konzerte, eines in Villach und das andere in der Lüneburger Heide. Ja, er war so gnadenlos wohlhabend, daß er Frank Dietz für nur einen einzigen Gitarrenton zum Preise von einer Million alter italienischer Lire nach Spitzbergen einfliegen ließ. **Frank, thanks!**

Merkblatt 8

Allmählich muß der alternde Popstar rechtzeitig und nach eigenen Entwürfen den Bau des Panik-Memorial-Mausoleums vorbereiten. Wahlweise kann er auch auf eine schon bewährte ägyptische Pyramide zurückgreifen, falls da noch in einer Grabkammer ein lauschiges Plätzchen frei ist, denn irgendwann muß der alte Grufti wieder ab in die Gruft, und auch hier wieder alles unter dem Motto: ☞ *»Bitte nur vom Feinsten.«*

Auch über dem Pazifischen Ozean kann man sich in den Pacific Palisades das Mausoleum einrichten lassen, inmitten eines großen Weineparks für all die zigmillionen Pilger, die in den nächsten Jahrhunderten dieser Kultstätte zuwandern werden. Dort hat der clevere Popstar natürlich schon jetzt zu Lebzeiten, und auch das wiederum mehrte seinen Reichtum, ✝✝ den richtigen Sponsorenvertrag mit »Tempotran«, dem schneuzfreundlichen Trauertuch, und »Pampes 3000«, einer anderen saugfreundlichen Materialie, abgeschlossen.

Aus Kostenersparnisgründen kann man hier aber auch zu einer Co-Operation mit dem großen Memorial-Touristikunternehmen »Schnelle Träne« kommen und vorteilhaft abschließen. Der ganz pfiffige Popstar liiert sich außerdem zu seinen Lebzeiten schon mit einigen Kollegen aus dem Geschäft: Mick Jagger, David Bowie und Prince, denn auch die werden sterben. Auf diese Weise wird der Memorialpark zu einem wirklich großen Geschäft – auch für die kichernden Erben, aber zu denen noch später.

Wichtig und absolut unablässig ist das aus purem Glitzergold errichtete Eingangsportal zum Park. Hier greift man auf bisher wenig genutzte Goldreserven aus Fort Knox oder Bonn-Knethausen zurück. Von dieser Pilgerstätte kann Lourdes-mäßig vergleichbar auch heilsamer Effekt ausgehen auf all die Müh-

Merkblatt 8

seeligen und Beladenen aus den esoterisch, makrobiotisch und vegetarisch orientierten Fankreisen, die dann ihre Seelenwunden und grippalen Infekte sowie das Gerstenkornauge mittels Schaben und Reiben am Goldenen Portal lindern unter Absingen des einen oder anderen Evergreens des Meisters.

Aber ganz so weit ist es jetzt ja noch nicht – noch schreiben wir das Jahr 90 plus. Da liegt der Tattersuperstar mit dem leichten Zipperlein noch kichernd in einer Hängematte in einem seiner Schlösser an der Cote d'Azur oder in seinem Edelstolzhaus in Nevada, umgeben von jungen Nymphen und Knaben mit Bambusröckchen. Sie reichen ihm demutsvoll die köstlichen Jungbrunnolinweintrauben.

Dienstagabend kommt es zu einer unerwarteten Erektion ✌️, und der Rockopa begibt sich mit seinen altrömisch eingestimmten Gespielen auf das Sofa zurück. In manchen Nächten, wenn der Vollmond brät, meditiert er darüber nach, ob er sich am Ende seines Weges eher dem jesustechnischen Wiederauferstehungsverfahren oder der moderneren Re-born-Methode nach Professor Dr. Carter postbestattungsmäßig zuwenden wird. Ja, bei der Begattung denkt er nun an die Bestattung.

Vielleicht eine Feuerbestattung auf See?†? Mit einem nie gesehenen Feuerwerk zur Abäscherungs-Grande-Finale-Feierlichkeit?

»Wie nun«, fragt sich der interessierte Verfolger des mysteriösen Weges unseres Popstars, »ist so unsäglicher Reichtum entstanden, und wie hat er es verstanden, seinen Reichtum zu erhalten, zu verwalten und stets zu mehren, wohlhabend bis zum Sankt Nimmerleinstag?«

Auch in solchen Fragen wird man als Popstar immer wieder aufs schwerste gefordert. Die ersten Millionen anzuschaffen, das war zugegebenermaßen nicht ganz so leicht, aber nach der

Merkblatt 8

ersten Million, das weiß doch wohl jeder, kommen die weiteren Mios praktisch wie von ganz alleine.

Doch jetzt aufgepaßt: Hier geht nichts ohne einen sorgsam ausgewählten hundertprozentig richtigen Steuerberater. Den lernt man am besten in einer Bar kennen, z. B. im Hangout der anderen großen Rockstars, dem Continental Hyatt House am Sunset Boulevard in Hollywood. Dort hängt man rum, lutscht fünf Flaschen Dom Perignon aus und freut sich über den ersten großen Reichtum, zu dem man auf windigem Wege gekommen ist.

Plötzlich erscheint der ✂️ Steuerberater, zu erkennen am halbseidenen Edelzwirn, nicht zu teuer – nicht zu billig. Krawatte leicht leger bis an den Scheitel hochgebunden, die funkelnde Wallstreet-Uhr am sanft gebräunten Handgelenk, das vertrauenswürdige Auge hinter der halbgeschnittenen goldgerandeten Erkennerbrille. Und schon reißt der Steuerberater seine Visitenkarte raus und stellt sich vor als einer der ganz Wenigen, genau genommen als der einzige, der hier zwischen Börsenkrach und Rezession, zwischen Firmenpleiten und Konkursverfahren, zwischen geplatzten Wechseln und Bierflaschenpfandbriefen und Kommunistenobligationen den tausendprozentigen Durchblick hat.

Der Steuerberater, Mr. Schmitz, trägt vorzugsweise den schweinsledernen Seriöshartkantkoffer bei sich, den er alsbald öffnet, um einen ersten dokumentenbelegten Einführungskurs in die Wunderwelt der Finanzwissenschaften zu geben, und sofort versichert er, daß man sich nahezu strafbar mache, in Anbetracht der anstehenden hohen Steuerzahlverpflichtungen, wenn man nicht auf der Stelle von den ab sofort rückwirkend eingreifenden Berlin-Steuervergünstigungen Gebrauch macht. Der Popstar, von der glasklaren Solidität des Mr. Schmitz auf

Merkblatt 8

der Stelle beeindruckt und überzeugt, freut sich, endlich den Retter für das viele Geld gefunden zu haben, und spendiert dann nochmal dankbar einen Planter's Punch. Danach unterschreibt er, gut besoffen, vorsichtshalber schon mal alle von dem eifrig-sympathischen Steuerberater während einer Pinkelpause schnell auf dem Klo vorbereiteten und prompt zur Vorlage gebrachten Blanko-Scheckformulare.

Da der Popstar ein sehender Mensch ist, hat er sofort die edle Absicht des neuen Partners, dieses Botschafters aus dem Kunstbereich der Monetärinteressen, erkannt und ist hocherfreut, sich nun nie wieder um finanzielle Angelegenheiten kümmern zu müssen. Nun kann er sich ganz unbesorgt und voll auf seine Musik konzentrieren. Sämtliche Scheckbargeldgeschäfte werden ab sofort im vollautomatischen Verfahren von diesem vertrauenswürdigen neuen Freund, dem Dr. Schmitz, in zweifelsfreier Weise gehandhabt.

Mr. Schmitz geht, nachdem er glaubhaft bestätigt hat, auch schon für viele andere Musik- wie auch Boxer- und Fußballstars Reichtum geschützt, gemehrt und aufgebläht zu haben, mit der Generalunterschrift für hundert Jahre verschmitzt lächelnd nach Hause. Auf seinem Heimcomputer von der Firma »Abgriff Techniks« gibt er erstmal seine obligate Provisionsklausel ein. Am nächsten Morgen wird er mit öliger Stimme durchs Telefon sprechen, daß sich während der vergangenen Nacht das Konto des Popstars schon um weitere drei Millionen $$$ aufgestockt hat, und weitere 10 Mio $$.$$$.$$$ seien in weiterer Aussicht, sofern man jetzt, heute, hier, an dieser Stelle keinen Fehler macht. Und soeben hat Herr Schmitz ganz exklusiv und streng vertraulich von befreundeten Hackern der »Hacker-Co-Op« über die überaus attraktiven Chancen erfahren, sich ganz verträumt in die Royal-British-Fish-and-Chips-

Ölförderbohrtürme (Motto: »Ein eignes Bohrloch auch für Sie«) einzukaufen – mit großer Dividende und beträchtlicher Ausschüttung. Oder ein rechtzeitiges renditebetontes Absichern von Spaceshuttle-Reisen im Jahr 2000 sei der ganz geheime Tip der Branche, und dann gibts schon wieder 30 Millionen drauf. Man müßte auch an den rechtzeitigen Ankauf von Originalfälschungen echter Picassos aus der lila Serie denken, denn am Kunstmarkt, ja, da täte sich was. Aber der absolute Übertip wäre die Tokiobörse, und den Tips aus Tokio könne man sowieso immer vertrauen, weil die Japanesen ja sowieso schon immer unserer Zeit voraus wären. Man beachte den Zeitunterschied, die stehen da noch früher auf. Nein, da schwant es dem Popstar: Stop! Halt ein! Glatteis ist's, auf das ich mich begebe.

 Nein, den jungen Kollegen, denen ich an dieser Stelle in gebotener Weise meinen Respekt zollen möchte und klare transparente Informationen zu geben wünsche, sei gesagt: »Hütet Euch vor den sülzigen Spruchkaspern aus dieser Übelbranche!« Nicht vor allen zwar, jedoch vor den allermeisten.

Einen kenn ich, einen jungen Ehrenmann, und ich traf ihn in Westerland, einen gewissen Herrn Westermann. Und dem vertraute ich meine Kohlen an, weil der 's nun wirklich richtig kann. Die meisten hingegen, sie sind gekommen, dir das schnelle Geld auch ganz schnell wieder abzunehmen. Nach dem Motto: Easy Come – Easy Go!

Viele hochgeschätzte Kollegen aus der Zunft des künstlerischen Ballspiels von Werder Bremen bis Bayern München, meine Kollegen von der Zunft des »Gewaltigen Faustschlags«, die beiden mir sehr lieb gewordenen Meisterboxerfreunde, deren Namen ich an dieser Stelle aus anwaltarischen Gründen

Merkblatt 8

nicht nennen darf, und viele Kumpels aus der Schlager und Rock'n Roll-Industrie habe ich gesehen, gebeutelt und sowas von grausam abgezockt, daß selbst Ede, der Schränker größtes Mitleid entwickelt hätte. Ja, früher Lackschuh, heute Barfuß – nach dem Motto: Mit dem Konto runter in den Keller und Hypothekenmillionär obendrein.

Wieviele spanische Luftschlösser wurden schon auf der Abschreibungsmaschine gebaut und später nie wiedergesehen. Es soll auch Supertanker geben, die den Hafen nie verlassen haben. Und wie viele magnetofonische Schallaufzeichnungswerke und steuerbegünstigte Großleinwandfilme liegen nun zur ewigen Ruh' in den Archiven der Geheimsafes.

Ein gemeines, schäbiges Volk ist's in der Mehrzahl, dieses Volk der Steuerverbrater, diese Oberschleimer und schäbigen Aufschneider. Weiß man doch, die Ratte, die aus dem Gully kommt, hat in den allerwenigsten Fällen Ahnung vom großen Geld und wird dann erst mal durchgeprellt. Man stelle sich vor, das ist doch etwa so, wie wenn ein Steuerkanzleirat den wundersamen Wunsch hätte, eine Schallplatte zu machen, und wendete sich vertrauensvoll an uns, die wir die Experten der Musikgestaltung sind, und wir zocken ihn so gnadenlos ab, daß er am nächsten Tag völlig losgelöst im Finanzamt sitzt und ruinös in die Akte schwitzt. Ja, in seiner Not sein eigener Steuerflüchtling wird.

Popstars habe ich gesehen, mit riesigen Eigentumswohnungsaufkommen, und sie selber wohnten in erbarmungswürdiger Weise im Leihzelt an der Leopoldstraße und konnten ihre Schulden nur noch mit dem selbstausgestellten Lottozettel bezahlen, ab montags wieder, bevor dann letztlich Mad Max 4, der Gerichtsvollstrecker erschien. Und da fragt man sich, womit haben wir – die wir gekommen sind, die Welt zu erquicken und

Merkblatt 8

Freude zu spenden und Gut Ding auszusenden, ja – womit haben wir ein solches verdient? Ja, Money makes the world go round, und manchmal geht's auch ziemlich schnell nach unten. Nicht dagegen, wenn man einen guten Banker hat (Geheimer Aufsichtsrat Hans Ralfs z.B.).

Ein guter Banker geht morgens i-A-mäßig (als Esel verkleidet) im Auftrage des Popstars, im Dagobert Duck-Stechschritt runter in den Kohlenkeller und zählt die Kohlen durch. Mit einer großen Schaufel wendet er die Goldbarren noch einmal hin und her und moussiert den Maria-Theresienthaler. Er schließt das Schließfach auf – er schließt das Schließfach zu und denkt: »Die Juwelen haben dort ihre Ruh«. Ja, mein Kontoführer bei der Banco de Sicilia ist ein zuverlässiger Schutzpatron für den harten Lohn.

Im Schweiße deines Angesichts sollst du dein Bargeld mehren und auch den Banker ehren, es sei denn der hat da gerade wieder ein krummes Ding drauf mit der südafrikanischen Industrie- und Handelskammer und verbindet so Apartheid und deinen Wohlstand. Und die Aktie von Dow-Chemical muß es ja nun auch nicht gerade sein.

Konflikte kann es geben für die aufrechte Popratte, die nicht mit sauber verdientem Gelde in die Kanäle der politkriminalistischen Wirtschaftsverflechtung reingeraten will. Aber der clevere Popstar hat sowieso schon alles richtig gut geregelt, und sein Reichtum, auf der eigenen Sparstrumpfbank in der eigenen Matraze eingenäht, ist unverrückbar und gar entzückbar. Er kann machen, was er will, und sein Füllhorn wird nie versiegen. Die Zinsen seiner Zinseszinsen erlauben ihm den großen Griff in die Radikaltüte des Lebens. So gleitet er Hans-Guck-in-die-Luft-mäßig durch das endlos weite Schlaraffenland.

Merkblatt 8

Da er italienisch ausgebildet wurde, weiß er, daß die Addition das Entscheidende ist, aber auch das Teilen – zuweilen. Er weiß, das wirkliche Glück im Leben ist die Wurzel aus Sex Richtigen in der Jodel-Lotterie. Doch was ebenso toll ist: Mit großer Gönnerhand überschüttet er das darbend Land.

Reichtum verpflichtet, so hörte er einst in einer ergreifenden Ansprache des eiligen Vaters. Als Doktor Großherz mit jovialer Hand schickt er jährlich Milliardenbeträge an die amerikanische Emanzenbewegung »Schwanz Ab!«, wie auch in weniger militante Unternehmerkreise aus den pflanzlich tierischen Bereichen von »Es leben die Butterblumen« bis »Die leidenden Wale im Eise der Antarktis«, und er finanziert in gänzlich unzynischer Weise die Alternative Gegeninitiative zu der Initiative »Mehr Tierschutz durch Satiere« –

Ja, wenn die letzte Robbe vor Kampen im Meer versinkt . . .

Er rockt für Jesse Jackson, er rockt für die Martin-Luther-King-Stiftung. Er fightet für Greenpeace, finanziert das »Mandela-Release-Festival« in Wembley in erheblicher Weise mit.

Mittlerweile ist der ältere Popstar so reich, daß sich jeder, der ihm Promotionsabsichten für all seine vielfältigen humanistisch und humanitär gezielten Tätigkeiten unterstellt, von selber in hoffnungslose Disqualifikation begibt. Milde und wissend lächelt nun der erhabene gute alte Popgreis. Was soll man ihm nun noch erzählen?

Er kennt doch alles: Irrflüge zwischen flammendem Idealismus und besorgniserregender Dekadenz, vom Wege abkommend in die Sümpfe des beißenden Zynismus: Wird denn die nächste Generation noch immer nichts begriffen haben? Versuchungen des hemmungslosen Luxus: Immer nur vom Feinsten und davon reichlich und sofort!

Merkblatt 8

Stille Stunden des großen Zweifels: Soll er nicht sofort seinen ganzen Reichtum dahin überweisen, wo das Elend ist, oder kommen da von der ganzen Asche dann doch nur 10 Prozent an?

Der alte Mann sieht Kinder spielen an Videocomputerautomaten, Digitaljunkies, ganz ohne Kopf, und das Spiel heißt: »Heil Hitler! The great chip for thousand burning Jews.«

In Berlin, Paris und London trifft er junge Menschen auf nationalistischen Abwegen. Die Republikaner in Berlin, La Grande Nation und The British Vampire. Jeder einzelne Quadratmeter von London zum Beispiel ist gebaut auf Blut, Tränen und Tragödien, ausgeplünderten, niedergemordeten Völkern der sogenannten Kolonialländer. Und er sieht englische Kollegen, die aus der Gosse kamen, und trotzdem: »We stick proudly to our history«.

Wenn's dann den Tee gibt bei der Queen, dann ziehen die sich den antiproletenfeinsten Brutuszwirn an und machen den Bückling runter bis auf's Parkett: Rock 'n Roll, Haltung oder Verrat, Underdogs oder Royal Bullshit.

☆☆☆☆☆☆☆☆☆☆☆☆ Der weise alte Popstar ☆☆☆☆ – es kann geschehen, daß er zurückblickt nach jahrzehntelanger Tätigkeit auf neue Generationen, die nichts von dem begriffen haben, für was er angetreten ist, gemeinsam mit Bob Dylan, John Lennon, Jimi Hendrix, Jim Morrison, The Who, Steppenwolf, Randy Newman, den Stones, Tom Robinson und Tracey Chapman und all den anderen Großen.

Wir machen Musik. Wir liefern Unterhaltung, doch die Unterhaltung, die wir machen, wieviel hat diese Unterhaltung mit Haltung zu tun, auch mit politischer? Oder sind die Kids im Jahr 2000 sowas von under Remote Control, sowas von ferngesteuert, daß alle Köpfe an den Garderoben der Rock-'n-Roll-Verarsche-Industrie abgegeben wurden? Computerable Pauschal-

Merkblatt 8

klänge, Texte aus der Lügenfabrik, chic und chipmäßig abgerufen, und überall die gleiche seelenlose Grütze?

Nein, die alte Popratte weiß, es war gut, es noch mit der Hand und es vor allem auch mit dem großen Herzen zu machen. Unverwechselbar, und so nie wieder. Meilensteine in der Musikgeschichte. Die kleinen Ratten, so denkt er, sie können nur wachsen ohne den Plastikfilter und die schon vorgegebenen Programme und den geerbten Reichtum.

Sie müssen wieder ran mit ihren kleinen Milchzähnen und vor Hunger an den nassen Matratzen herumknabbern. Wieder müssen sie das Magenknurren spüren, um die Power draufzukriegen für ein neues Spiel, das künftige Generationen weiterbringen kann. Die Ratte im Zoo oder in der freien Wildbahn, das macht schon einen erheblichen Unterschied. Kriegst du alles, oder mußt du's dir selber holen, und deinen Weg finden aus eigener Kraft? Deinen eigenen Weg, nach eigenen Gesetzen. Das ist das, was der alte Popstar seinen Kindern als Goldenes Gesetz mit auf den Weg geben will.

Ja, der alte Popstar, wenn er dann langsam über den Jordan schreitet und diese eine weitere Stufe seines mehrdüsigen Lebens beendet... wenn er dann Jesusgleich übers Wasser gleitet und allmählich wegsäuft... hinterläßt er seinen Kindern kein Vermögen.

Die kleinen Rattenkinder müssen wieder ganz von vorne anfangen. Und das ist auch gut so. Durchbeißen sollen sie sich, und den vollen Schub sollen sie haben, müssen sie haben, um sich erneut senkrecht durch das Ozonloch ganz verträumt in den Fantastenhimmel hochhieven zu können.

Mit einer 1 km hohen Grande Finale Magnum-Flasche feinsten Schaumweins begibt sich der scheidende alte Megastar nach dem Motto »Toupee or not to be« zu seinem alten Freunde,

Merkblatt 8

dem Fährmann an den Wassern des Siddartha, um ein letztes Mal über den Fluß zu zischen, nirvana-wärts.

Der Popstar hat keine Kosten und Mühen gescheut, ein timing zu entwickeln, das es ihm im Todesfall ermöglicht, nur noch ein paar lausige Mark für die Feuerbestattung auf dem Konto zu haben. Und ein paar fliegende Feierfrikadellen für alle Trauergäste, und keine Erbschleicher, bitte!

Nun wäre es hier von großem Nutzen, über einen exzellenten Leibarzt zu verfügen, der einem auf den Tag genau voraussagen kann, wann es denn soweit ist. Denn der Popstar muß sicher sein, daß er zum Zeitpunkt seines Todes die würdevollen Nachfolger absolut arm hinterläßt, denn wenn sie zu reich wären, kriegen sie den Arsch nicht hoch.

Deshalb muß er zu Lebzeiten in absolut unbarmherziger Weise seine ganzen Kohlen wieder verbraten. Notfalls kann er auch ein paar zig-Millionen im Kasino seines alten Freundes Fürst Rainier von Monaco verzocken, oder er überweist die Restmilliarden auf das Konto des Stifterkreises »Merkblätter für künftige Popstar«, Hamburg – Dresdner Bank Konto Nr. 130047700.

Auf jeden Fall muß die ganze Kohle wieder weg sein, wenn er den endgültigen ✈ Abflug macht. Nur so ist echt gewährleistet, daß die Frischlingsratten die richtige Power draufkriegen und selber werden:

»Popstars, erhaben und reich, den Göttern gleich.«

Merkblatt 8

Nun ist das Buch gleich fertig. Wir sitzen in der Bar vom Hilton Hotel in München, und einer fragt: »Ja, sind Sie denn völlig verrückt geblieben?«

Und wie aus einem Munde kommt es: »Ja, und zwar gerne!«
Meine Freundin, die Gräfin Gabse von Castell,

Acht

Gerd Augustin der junge Märtyrer,
Olaf Kübler, der Sprachblütengärtner, der aus Filzlausham kam,
Brother Erich und Susanne,
Brüderchen Fritze Rau-Schlau,
Felix Scholz, der Mann für gewisse Stunden,
Sabine, die erlesene Gesandte aus dem Weihnachtsland,
Dr. Dieter Juckermann, unter dessen ärztlicher Aufsicht wir uns jetzt erst noch mal eine Tasse vom feinsten Proletenchampagner bestellen,
Herm Eiling, mein alter treuer Coolhalter
und ich, der junge Autor dieses merkwürdigen Buches.

Ich liebe meine Freunde. Ich danke ihnen. Ich fühl' mich ein bißchen fertig und sacke nun, leicht schlapp, unter meinem Hut zusammen.

»Alter, mach doch hier nicht auf Rockopa, es hat doch gerade erst so richtig angefangen. Das ewige Spielkind, das du bist, der Marathon-Twen mit der Option auf alle künftigen Jahrzehnte!«

»Klar«, sag ich, »wir wollen unsere Tourneen machen durch Cuba, Brasilien, Feuerland und Phoenixien, stets frisch und neu aus der Asche. Ja, meine Freunde, so spreche ich, wir von der Abteilung ›Feuervogel‹, mit brennenden Flügeln wird unsere Mission weitergehen. Die weltweiten Parties sollen in angemessener Form vorbereitet werden, und wir bleiben lustig und vergnügt, bis der Arsch im Sarge liegt!«

Die Welt ist eine Wundertüte! Und dann weist mich der Barmann, Ernst Lechthaler, auf meinen qualmenden Schuh hin, und ich sage: »O. K. meine Freunde, wir rennen weiter. Voll in die Morgensonne rein. Wir feiern Fantasie und Exzess ohne Zensur. Wir begrüßen alle Seil- und Geiltänzer – ohne Netz und doppelten Boden und rufen allen Ratten und Päpsten dieser Welt zu: ›Ahoi, die Welt ist groß, ist schwer was los.‹«

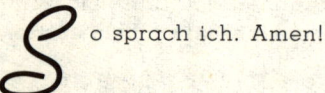o sprach ich. Amen!

Eins

Seite 4 Photo Uli Pschewoschny, Berlin (DDR); Seite 8 El
Rundo, Lindenbergisches Familien-Archiv (LFA); Seite 13
Gartenstraße 3 (LFA); Seite 15 Plattencover LP »Der Detektiv«;
Seite 17 Vater Lindenberg und Söhne (LFA); Seite 19 Der junge
Trommler (LFA); Seite 21 Bruder Erich (LFA); Seite 3 Gustav
und Hermine Lindenberg (LFA); Seite 24 Lindenberg in
Lindenberg (LFA); Seite 26/27 Klasse mit Frl. Klaas (LFA).

Zwei

Seite 30 Die Tripolis-Truppe, Photo Joachim Busch, Münster;
Seite 36/37 Schwestern Inge und Ecki (LFA); Seite 39
Bill Haley; Seite 41 Udo Ballermann (LFA); Seite 43
Die Wüstenband, Photo J. Busch; Seite
47 Ausschnitt LP-Cover »Lindenbergs **Bildnachweis**
Rock-Revue«; Seite 55 Udo mit Mutter Hermine (LFA).

Drei

Seite 69 Der kleine Chaot mit dem Number-One-Hit, Ausschnitt
LP-Cover »Daumen im Wind«; Seite 72 Die Versuchung, Photo
Kristina Erikson, Berlin; Seite 75 Udo und Olaf, Photo Mike
Gallus, München; Seite 79 Der Hit-Schnitzer, Photo K. Erikson.

Vier

Seite 82 Panik Udo, Photo Eva Ries, Ladenburg; Seite 88 Photo
Klaus Boltz, Copyright Photo Henrich, Landstuhl; Seite 93
Ausschnitt LP-Cover »Ball Pompös«; Seite 95 Ausschnitt
Posterbeilage LP »Live-haftig«; Seite 97 Elli & Udo & Rocky,
Photo K. Erikson; Seite 99 Wotan Wahnwitz, Photo K. Erikson;
Seite 100 Felix, der ganz Große unter den Kleinen; Seite 103
Udo & Gaby Blitz, Photo K. Erikson; Seite 105 Ausschnitt
Posterbeilage LP »Live-haftig«; Seite 107 Das Panik-Orchester
unterwegs, Photo K. Erikson; Seite 112 Ausschnitt
Posterbeilage LP »Live-haftig«; Seite 113 Tourprobe, Photo
K. Erikson; Seite 115 Hermine Performance; Seite 119 Felix und

Klaus auf Tour, Photo K. Erikson; Seite 121 Mit Fritz Rau,
Photo K. Erikson; Seite 123 Tour-Vorbereitung; Photo K. Erikson;
Seite 124 Eric Burdon; Seite 125 Udo und Gianna Nannini,
Photo Polydor; Seite 129 Mit Produzent Dave King, Photo
K. Erikson; Seite 131 Udo und Felix live, Photo K. Erikson;
Seite 133 Udo in action, Photo K. Erikson.

Fünf
Seite 145 Ausschnitt LP-Cover »Ball Pompös«; Seite 147 Mit
Bodybuilding-Braut Vera; Seite 149 »Sündenknall« in Kassel,
Photo Thomas Berndt; Seite 150 Ausschnitt LP-Cover »Panische
Zeiten«, Seite 153 Photo T. Berndt; Seite 155 Photo LFA; Seite
159 Photo Max Kohr, Berlin; Seite 160 Ausschnitt Posterbeilage
LP »Live-haftig«; Seite 161 Udo und Anna von der Berliner
Frauenband »InSisters«, Photo K. Erikson.

Sechs
Seite 162 Ausschnitt Textbeilage LP »Der Detektiv«; Seite 170
Udo & Felix - Zwei gegen New York; Seite 172 In Rio (LFA).

Sieben
Seite 174 Photo Thomas Berndt; Seite 184 In Berlin (DDR),
Photo K. Erikson; Seite 187 Smog-Alarm, Photo Max Kohr; Seite
189 Lederjacken-Versand an Honnie; Seite 193 Photo M. Kohr,
Seite 195 Mit Willy beim Anti-AKW-Festival, Loreley 86, Photo
K. Erikson; Seite 199 Im Palazzo Prozzo beim ersten und
einzigen Konzert in der DDR, Photo K. Erikson; Seite 201 Mit
Petra Kelly; Seite 209 Udo & Olga Pugatschowa, Leningrad,
Photo K. Erikson; Seite 211 Mit Egon Krenz, Photo K. Erikson;
Seite 215 Mit Olga & Al Jarreau in Leningrad, Photo K. Erikson.

Acht
Seite 216 Udo in Dover, Photo Horst Königstein, Hamburg;
Seite 233 Udo im Rückspiegel, Photo Eva Ries.

Udo Lindenberg • El Panico

Merkblatt 1   Seite 9

Wie wird man Popstar und wo
muß man zu solchem Zweck
geboren sein?

Merkblatt 2   Seite 31

Wann muß sich der künftige
Popstar aus der Provinz wegtun,
um die große Glitzerwelt
abzuleuchten?

Merkblatt 3   Seite 57

Wann kommt der Popstar
karrieremäßig gesehen endgültig
zur Sache?

Merkblatt 4   Seite 83

Was macht der junge Popstar,
damit am nächsten Tag in allen
Zeitungen steht: A Star is born!

Merkblatt 5   Seite 135

Der Popstar, die Liebe und die
Frauen

Merkblatt 6   Seite 163

Der Popstar, das imagefreundliche
Junggemüse, die Midlifekrise und
die Legendenabsicherung

Merkblatt 7   Seite 175

Der Popstar, die Wahrheit und die
Politik

Merkblatt 8   Seite 217

Der Popstar und der Reichtum,
Steuerberater und Banker,
Erbschleicher und Abgang

Der Goldmann Verlag
ist ein Unternehmen der Verlagsgruppe Bertelsmann

Made in Germany · 11/90 · 1. Auflage
Genehmigte Taschenbuchausgabe
© 1989 by Wilhelm Goldmann Verlag, München
© Liedertexte by Udo Lindenberg
Mitautor: Gerd Augustin
Der Beitrag von Fritz Rau auf den Seiten 121-125 wurde
dem Buch FRITZ RAU – BUCHHALTER DER TRÄUME
von Kathrin Brigl und Siegfried Schmidt-Joos,
erschienen im Quadriga Verlag, Weinheim und Berlin,
entnommen.
Bildnachweis: Seite 235 f.
Umschlaggestaltung: Design Team München
Umschlagfoto: Hipp-Foto, Berlin
Druck: Presse-Druck, Augsburg
Verlagsnummer: 9895
G.R. · Herstellung: Gisela Ernst
ISBN 3-442-09895-5

Goldmann
Taschenbücher

Allgemeine Reihe
Unterhaltung und Literatur
Blitz · Jubelbände · Cartoon
Bücher zu Film und Fernsehen
Großschriftreihe
Ausgewählte Texte
Meisterwerke der Weltliteratur
Klassiker mit Erläuterungen
Werkausgaben
Goldmann Classics (in englischer Sprache)
Rote Krimi
Meisterwerke der Kriminalliteratur
Fantasy · Science Fiction
Ratgeber
Psychologie · Gesundheit · Ernährung · Astrologie
Farbige Ratgeber
Sachbuch
Politik und Gesellschaft
Esoterik · Kulturkritik · New Age

Goldmann Verlag · Neumarkter Str. 18 · 8000 München 80

Bitte
senden Sie
mir das neue
Gesamtverzeichnis.

Name: _____

Straße: _____

PLZ/Ort: _____